蒙古民族文物图典

蒙古民族鞍马文化

蒙古民族服饰文化

蒙古民族毡庐文化

蒙古民族饮食文化

蒙古民族游乐文化

蒙古民族宗教文化

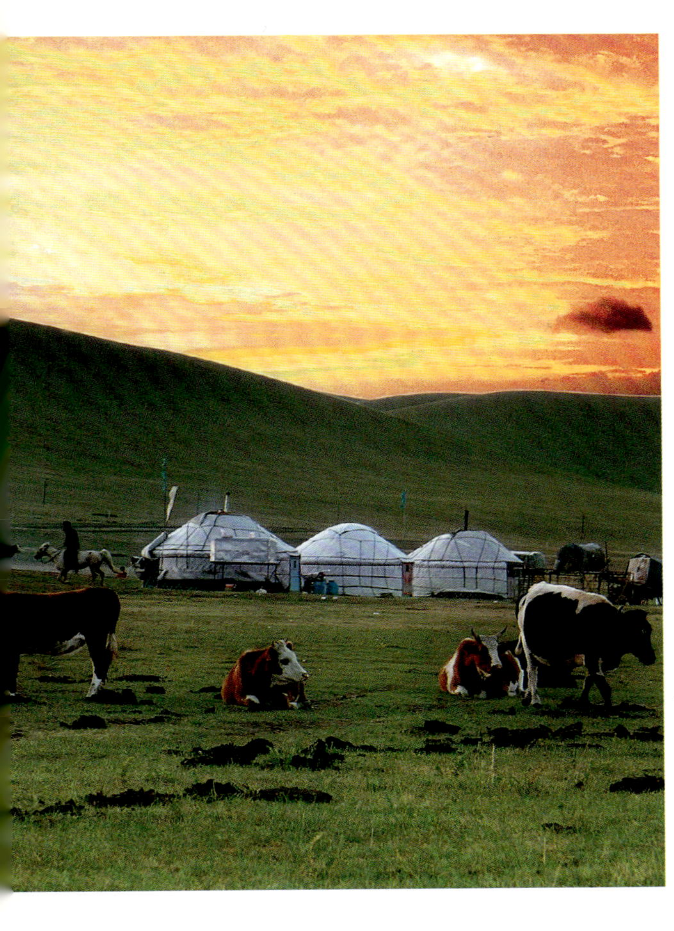

《蒙古民族文物图典》

策　　划：刘兆和

主　　编：刘兆和

副 主 编：王大方

　　　　　邵清隆

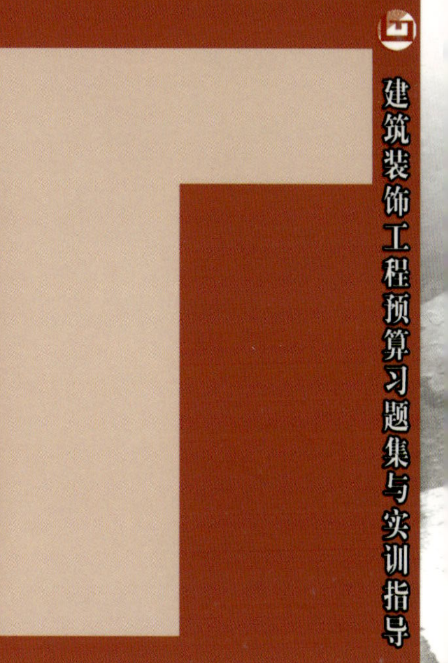

建筑装饰工程预算习题集与实训指导

Jian Zhu Zhuang Shi Gong Cheng Yu Suan Xi Ti Ji Yu Shi Xun Zhi Dao

教学辅助资料下载

http://www.ccpress.com.cn

教材垂询电话：010－85285929（邵江）

责任编辑：陈志敏　邵　江

文字编辑：李淑文

封面设计：黄金支点

图书分类：土建高职教材

ISBN 978-7-114-06377-0

9 787114 063770 >

定价：18.00元

人民交通出版社

蒙古民族鞍马文化

贺其叶勒图　哈斯其木格　编著

文物出版社

主编助理：张 彤

绘图指导：贾一凡

摄影：

孔 群 鄂 博 庞 雷 德力格尔 刘洪元 王景远 苏勒雅图 格日勒·敖云
苏婷玲 吴运生

绘图：

纪 烁 陈丽琴 陈拴平 陈广志 陈晓琴 武 鱼 阎 萍 王利利
徐亭明 刘利军 钟利国 包灵利 田金芳 杨 慧 高 娜 张利芳
袁丽敏 任波文 苏雪峰 张世喻 田海军 郝水菊 范福东 郭 宝
郭金威 王喜青 娜日丽嘎 王明月 史瑾莎 李 瑞 郝振男

责任印制 张道奇

责任编辑 张广然 李 东

图书在版编目（CIP）数据

蒙古民族鞍马文化 / 贺其叶勒图，哈斯其木格编著. —北京：文物出版社，2008.3
(蒙古民族文物图典)
ISBN 978-7-5010-2363-9

Ⅰ.蒙··· Ⅱ.①贺···②哈··· Ⅲ.蒙古族－鞍勒－民族文化－图集
Ⅳ.G882.1-64 K281.2-64

中国版本图书馆 CIP 数据核字（2007）第 165635 号

蒙古民族鞍马文化

贺其叶勒图 哈斯其木格 编著

文物出版社出版发行

（北京市东直门内北小街 2 号楼）

http://www.wenwu.com

E-mail:web@wenwu.com

北京文博利奥印刷有限公司制版

文物出版社印刷厂印刷

新华书店经销

889 × 1194 1/16 印张：18.25

2008 年 3 月第 1 版 2008 年 3 月第 1 次印刷

ISBN 978-7-5010-2363-9 定价：220.00 元

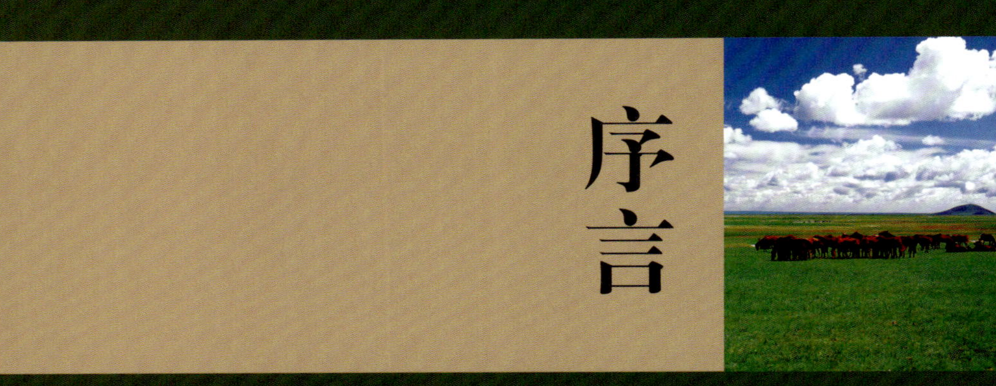

序言

中国北方草原，雄浑辽阔。曾经在这里和目前仍在这里生活的草原游牧民族，剽悍、勇敢、智慧，对中华文化的发展，乃至对中华民族的形成和发展，作出了极其重要的贡献。在中国域内恐怕难以找到一块没有受到北方草原游牧民族影响过的地方。不仅如此，北方草原游牧民族，对世界历史发展的影响，也令人瞩目。这其中，影响最大的当属至今仍生息在这块草原上的蒙古民族。

蒙古民族从成吉思汗统一北方草原诸部落起，至今已有800多年历史，在继承古代草原游牧文化的基础上，以广阔的胸怀大量吸收欧亚诸民族文化，把草原游牧文化推向历史的辉煌顶峰，创造了适应于草原自然环境，深刻反映在政治、军事、生产、生活、娱乐等各领域中的独具特色的文化形态，即我们所珍视的草原游牧文化。草原游牧文化，是中华民族文化百花园中的奇葩，也是世界文化宝库中难得的珍宝。

毋庸讳言，随着现代工业及交通、通信和计算机网络等现代经济和科学技术的发展，草原游牧生产方式正在迅速消失，其传统的文化形态也正在被新的文化形态所代替，这是不可逆转的趋势。因此，草原游牧文化正在成为或部分已经成为文化遗产了。正因为如此，它的价值也更加凸显出来。

世界上每一个国家的民族文化，都是在其特定的自然环境和长期的生产生活中形成和发展起来的。每一个民族的文化，都是其民族的灵魂和血脉，是维系其民族存在的精神纽带，是其区别于其他民族并自立于世界民族之林的标志。所以，现在世界各个国家都在努力保护本国的民族文化。在我国北方草原游牧文化正在发生嬗变之时，这套《蒙古民族文物图典》的出版，无疑有着极高的价值。世界上蒙古族人口有900余万，600余万在中国。其中在内蒙古生活的蒙古族有400余万人。而到目前，对蒙古族的鞍马、服饰、毡庐、饮食、游乐、宗教等民族文物，比较系统地用测绘描图等科学方法研究记录并出版，在世界上尚属首次。这是对蒙古族文物的一项成功的抢救保护措施。这套图典中收录的民族文物，在蒙古族各部落的文物中具有典型性、标志性。它继承了我们优秀的民族文化，承载着愈来愈加珍贵的众多信息，在未来我们生产、生活和文化艺术活动中对蒙古族优秀传统文化的传承，可能会起着像“字典”、“辞典”一样的作用。

这套图典对蒙古民族文化的研究和保护，采用了一种新的视角和方法，对今后的研究工作可能会有引导和借鉴作用。所以，当策划开展此项研究时，我就是一位热心的支持者。认为这项研究及图典的编纂出版，对我国巩固民族团结和祖国统一，对我们未来的文化发展，都有着积极意义。《蒙古民族文物图典》的出版，充分体现了我们党和政府对保护民族文化遗产的高度重视，也反映了内蒙古自治区文物工作者对研究和保护民族文化遗产的奋斗精神。在图典出版之际，我谨向从事这项研究的同志们所取得的成果表示祝贺，也祝愿图典为祖国文化遗产的保护和传承发挥应有的作用。

乌兰

内蒙古自治区党委常委、宣传部长

目录

 马的调理驯化和骑用 ·187

蒙古人把马看作自己的亲密伙伴和朋友，所以对马进行精心调理，备加爱护，包括打马鬃、挂马掌、骟马、给马治病等等。在长期的养马、用马的生产实践中，蒙古民族积累了丰富的驯马、骑马的经验。

一 打马鬃 ·192
二 挂马掌 ·194
三 骟马 ·200
四 治马病 ·204
五 对烈性马的特殊驯化 ·208
六 驯马 ·212
七 鞴鞍 ·216
八 骑马 ·224
九 马的走姿 ·228
十 吊马 ·230

 狩猎与战争 ·233

在很长的历史时期内，狩猎是蒙古族游牧经济的重要补充，同时狩猎又是一项军事训练。无论是狩猎还是战争，马都曾发挥过不可替代的重要作用。

一 狩猎 ·236
二 战争 ·248

 神马传奇 ·263

蒙古人自古以来就有把自己心爱的马献给神祇的习俗。人们从马群里挑选出一匹马，举行祝福涂抹仪式，在它的鬃毛或脖颈上系上彩绸带，宣布为献给神的马，这种马终生不受羁勒，不服劳役，撒群闲游。

结语 ·271

后记 刘兆和

导言

马是人类忠实的伙伴，尤其是蒙古马伴随其主人驰骋疆域，踏遍四方，为蒙古民族的崛起、强大立下了不可磨灭的“汗马功劳”而盛名远扬。在古代社会生产力发展状况下，马的拥有量和马的品种之优劣直接关系到一个民族、一个国家的强弱盛衰。

蒙古马原产于蒙古高原。这种马虽然体形较小，但体质健壮。在半野生状态下生存的蒙古马不怕寒冷、不择食，容易适应各种气候，而且跑得快，耐力久，很适合远行出征的需要。蒙古族在生产实践中，积累了丰富的养马、驯马的经验。蒙古马就是蒙古族长期精心培育出的优良马种。

蒙古民族自古以来在茫茫大草原上以游牧、狩猎为生。长期以来，马在蒙古人生产、生活中发挥着重要作用。驯马、养马，使马成为交通、运输工具，游牧经济的生产力水平得到了长足的发展，马群也随之成为衡量牧民贫富的标尺。在蒙古人经营的“五畜”（马、牛、骆驼、绵羊、山羊）中，马的用途尤为突显。马是牧民最重要的生产工具，同时又是劳动对象。放牧、迁徙、行军作战、社会交往乃至以马为资源的商品贸易都离不开马。在辽阔的草原上过游牧生活的人，如果没有骑乘的马或不会骑马，可谓“寸步难行”。所以，蒙古人从小学骑马和养马，把小孩的长大比喻为“手及梢绳，脚及马镫”。蒙古族在马背上长大、马背上崛起、马背上创业，在马背上

骑者

内蒙古自治区阿拉善右旗曼德拉山岩画

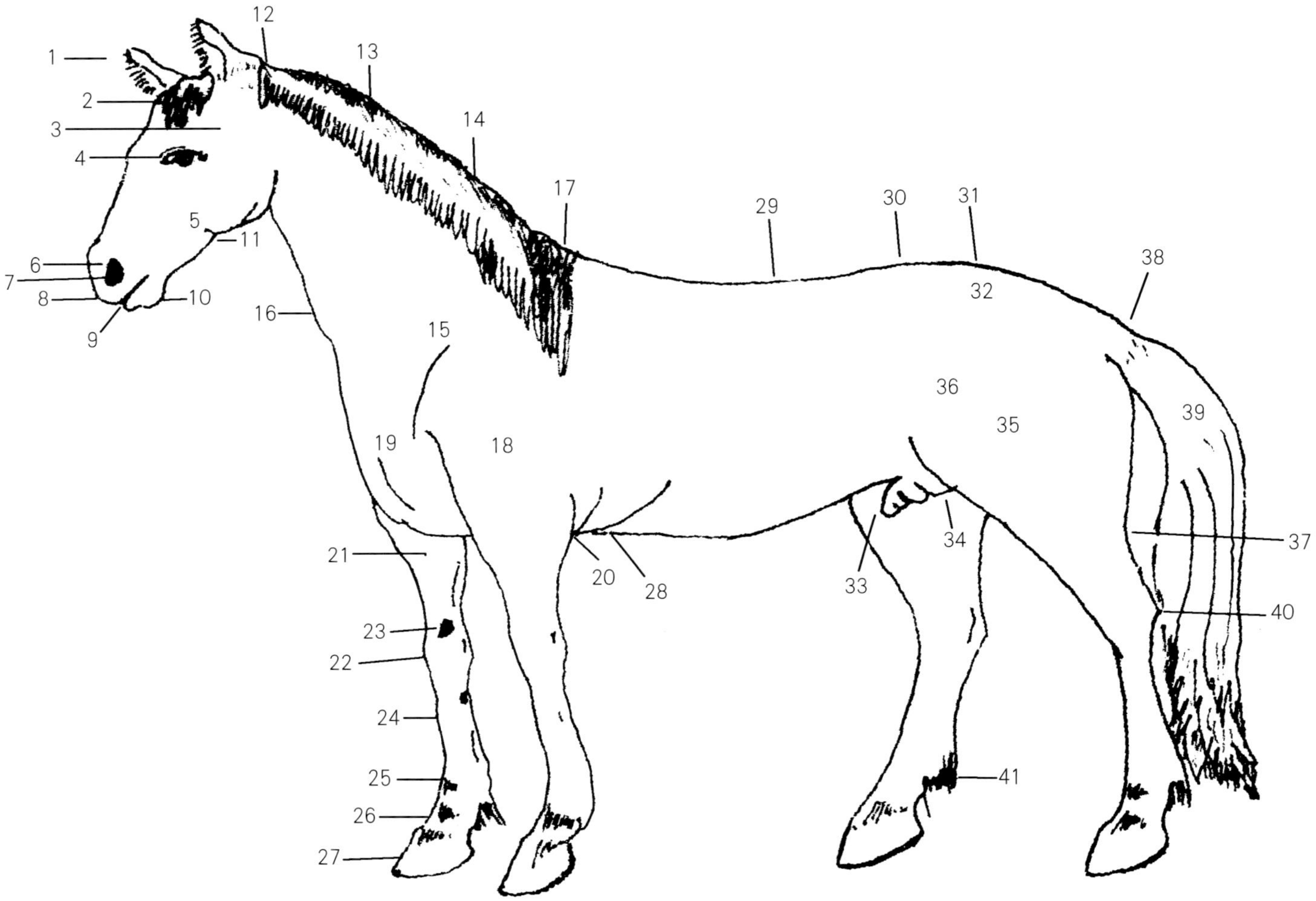

马各个部位的名称

1.耳　2.额毛　3.额　4.眼　5.面　6.鼻　7.鼻孔　8.上唇　9.牙　10.下唇　11.下颌　12.颈　13.鬃　14.鬃床　15.大颈　16.咽喉　17.鬐甲　18.前腿　19.胸　20.肘　21.桡骨　22.膝　23.附蝉　24.胫、小腿　25.系　26.距腕骨　27.蹄　28.带径　29.腰　30.腰椎骨　31.荐骨　32.臀、尻　33.腹股沟　34.阴阜　35.后大腿　36.股　37.大腿、腱子肉　38.尾根　39.尾巴　40.踵　41.距毛

马驹　　2 岁马　　3 岁公马　　3 岁骒马

展示自己的聪明才智、勤劳勇敢，被世人称为“马背上的民族”。马文化是蒙古族游牧文化的重要组成部分。

马不是天生就能顺从主人的。在半野生状态下长大的马被称为“生格子马”，必须经过驯化后才能成为顺从主人的骏马。驯马、骑马需要相应的用具，如从马群中套马需要套马杆、套马索，给套住的马戴上笼头才能不让它跑掉。骑马还需要马鞍、马嚼子等等。我们把驯马、骑马、养马所需的一系列用具称为“鞍马用具”。

据史料记载和考古发现，蒙古族很早就发明了鞍具。最初的鞍子是用柳条编织的，后来有了把牛皮整形制成的鞍子，从样式上看还出现了坐垫形的鞍子。随着社会的进步以及人们使用鞍具经验的积累和新材料的应用，马鞍的样式、制作工艺也有了相应的发展。在长期的马背生涯中，人们不断改进鞍具、装饰鞍具，形成了独具特色的蒙古族鞍马艺术。鞍马艺术是蒙古族马文化不可缺少的内容之一。

蒙古族人民爱马、饰马，以拥有骏马雕鞍为荣。所以鞍马饰具制作精美，用料考究，是民族手工艺和审美情趣的集中体现。对鞍马用具的装饰也体现着主人的身份和审美情趣。

鞍马用具分为三类：以马鞍为主的基本器具；马镫、肚带、扯肚等辅助器具；驾驭马的笼头、嚼子等配套器具。

本书主要介绍清代以来蒙古族普遍使用的各类鞍马用具，并介绍自古以来马的调理、驯化与骑用和相关习俗等。

立式灰陶鞴鞍马

元
高28厘米　长33.5厘米
宽14厘米
内蒙古博物馆藏

立式灰陶驮囊马

元
高28厘米　长33.5厘米
宽14厘米
内蒙古博物馆藏

壹 马鞍

马鞍是蒙古族鞍马用具中的最基本器具。蒙古族制作马鞍和装饰马鞍的历史十分悠久。著名学者王国维先生曾赞美说：“其鞍辔轻简以便驰骋，重不盈七八斤。鞍之雁翅前竖而后开，故折旋而不膊不伤。镫圆故足中立而不偏，底阔故靴易入缀。镫之革手揉而不硝，灌以羊脂，故受雨而不断烂，阔才一寸长不逮四总，故立马转身至顾。”（《黑鞑史略笺证》）这说明蒙古族善于制作马鞍，善于装饰马鞍。13世纪记录蒙古族历史的巨著《多桑蒙古史》中也说，蒙古人的马鞍具有装饰美化的传统，而且通常都用白银雕镂出各式各样的花纹。

一、马鞍的种类

蒙古族马鞍（蒙古语《ᠡᠮᠡᠭᠡᠯ》[emegel]），从外形上可分为方脑（前鞍韒）鞍（蒙古语《ᠬᠤᠴᠠᠨ ᠪᠦᠭᠦᠷᠭᠡᠲᠦ ᠡᠮᠡᠭᠡᠯ》[xučan bügürgetü emegel]）和尖脑鞍（蒙古语《ᠱᠣᠪᠣᠭᠣᠷ ᠪᠦᠭᠦᠷᠭᠡᠲᠦ ᠡᠮᠡᠭᠡᠯ》[šoboγor bügürgetü emegel]）两种，其中也有大尾（后鞍韒）式（《ᠥᠷᠭᠡᠨ ᠰᠠᠭᠤᠳᠠᠯᠲᠤ》[örgen saγudaltu]）和小尾式（《ᠢᠪᠴᠤᠤ ᠰᠠᠭᠤᠳᠠᠯᠲᠤ》[ibčuu saγudaltu]）之别，还有架鞍、车鞍等。因为蒙古族地域辽阔，制作鞍具匠人的审美意识有别，在马鞍的演变过程中，不同地区的马鞍不但造型迥异，且在装饰上也有很多不同，产生了以地区为特点的鄂尔多斯马鞍、察哈尔马鞍、乌珠穆沁马鞍、巴林马鞍、科尔沁马鞍、喀尔喀马鞍、卫拉特马鞍等各具地方特色的马鞍。

制作马鞍是一种特殊工艺。蒙古族匠人能制造出十分合体的马鞍，不但主人骑着舒适、体面，鞴鞍子的马也会感到舒服、显得很精神。比较考究的马鞍上都要刻绘各种花纹图案进行一番装饰，镶嵌骨雕或贝雕，也有用鲨鱼皮、景泰蓝、银、白铜、黄铜、红铜装饰的马鞍。

蒙古族马鞍除了生产生活中使用的马鞍外，还有专门用于驮载官方印章（主要是旗的印章）和寺庙主要神祇的马鞍。这种马鞍比普通马鞍宽且长，普通马鞍的前鞍韒洞的大小相当于成年男子的拳头，而驮载官方印章和寺庙主要神祇用的马鞍的前鞍韒洞比普通鞍子大，并且装饰更加华丽。

二、马鞍的构成与马鞍的制作技巧

马鞍是以精选榆木、桦木等优质木料作为骨架，用特殊的黏合技术把前后鞍韒、左右鞍翅和梁头进行黏合，用生皮条连接而成。

在民间有制作马鞍要做到“三圆、二平、一合”之说。“三圆”是说鞍子的前后鞍韒要圆，鞍韒洞（位于马脊梁上的空洞部分）要圆，梁头（人的臀部接触的中间部位）要圆。“二平”是说两个鞍翅（直接压在马肋骨上的两块平面板）要平整光滑，与马的脊梁、肋骨吻合，压力均衡。“一合”是说整个鞍子的协调整合，这也是砍制鞍子最讲究的。由于马鞍的特殊结构和工艺，工匠们制作马鞍时，首先要把鞍韒、鞍翅、梁头黏合连接成鞍子的大样，然后用专用工具以砍、挖、锉的技法使整个鞍子达到协调。因为马鞍制作工艺的特殊性，所以才把制作鞍子叫做“砍鞍”。马鞍是对人和马同时发挥作用的特殊用具，必须做到马与骑乘者均感舒适。

三、鞍轿边的配制

“鞍轿边”（蒙古语《ᠰᠢᠷᠠ》[xir_ɑ]），是为了加固鞍轿、美化鞍子而围绕鞍轿镶贴的金属、骨质边。鞍轿边的配制直接关系到鞍子的美观、档次和特色。人们通常所说的银马鞍、景泰蓝马鞍、鲨鱼皮马鞍、雕花马鞍等高档马鞍是根据马鞍的装饰材料而言的。关于鞍轿边，有“单鞍轿边”、“双鞍轿边”之说。这里所说的单鞍轿边是指只在前后鞍轿上镶贴鞍轿边。而双鞍轿边是指除了前后鞍轿外，左右鞍翅的四个边上也镶贴鞍轿边。还有“两个鞍轿边”与“八个鞍轿边”之说。两个鞍轿边与前面提到的单鞍轿边相同，只在前后两个鞍轿上贴金属条。而八个鞍轿边是指除了前后两个鞍轿边，左右四个鞍翅边和前后鞍轿洞边也都贴上金属边。鞍轿边除了用金属制成外，有的用驼骨等动物骨骼和角制作。比较讲究的马鞍除了镶贴八个鞍轿边外，对鞍子的表面（坐垫、鞍鞯所遮盖部分外）用金属或鲨鱼皮、股子皮等材料包裹。譬如鲨鱼皮鞍子，其鞍轿边虽饰有银、铜、铁、景泰蓝等，但因鞍子表面全部贴鲨鱼皮而得名。说起鲨鱼皮鞍子，人们不禁要问，蒙古草原远离大海，在清代交通不便的情况下，如此高档的包鲨鱼皮马鞍是从何而来的呢？同样，在清代民间不会烧制景泰蓝，生活在北方草原上的蒙古族工匠们没能掌握自制景泰蓝饰件的技术，蒙古人使用的以景泰蓝作装饰的马鞍又是从何而来的呢？首先，当时清廷设有鞍具制造处，专门制造鲨鱼皮马鞍、景泰蓝马鞍之类的高档马鞍。朝廷经常拿出珍贵物品做赏品，对那些有功于朝廷的人员、王爷等进行奖赏。其赏品中就有鲨鱼皮马鞍、景泰蓝马鞍等高档马鞍。其次，当时的贵族、富豪们通过交换可以得到上述高档马鞍。在内蒙古的阿拉善地区，景泰蓝马鞍比较多见。这是因为当时的阿拉善王爷通过他与清政府的特殊关系，专门定做了大量景泰蓝马鞍所致。

鞍轿边多是单条，也有极少双条的。内蒙古大学民族博物馆就收藏了两件鞍轿边为双条的马鞍，其中一件在大库仑（今蒙古国乌兰巴托）制作，这件已有百余年历史的包鲨鱼皮马鞍的鞍轿边与众不同，不是单条边，而是铁错银的双条边，把两条鞍轿边并列贴在鞍子上。另一件从阿拉善征集到的白铜马鞍的鞍轿边也是双条，不过与大库仑的马鞍不同的是两条鞍轿边是相连的，从中间折弯扣在鞍轿、鞍翅和鞍轿洞边上。人们把这种鞍子称为“双条马鞍”，是马鞍中的珍稀品。

就蒙古族马鞍的大小而言，一般马鞍子前后鞍轿顶部距离30～40厘米，鞍翅长35～45厘米。其中大尾式鞍子前后鞍轿顶部距离30～45厘米，鞍翅长40～45厘米；小尾式鞍子的前后鞍轿顶部距离约30～35厘米，鞍翅长35～40厘米。马鞍的两侧共有对称的18个孔，以备安装辅助用具。即在鞍子两侧中下部各凿一个约3厘米×1.5厘米的长方形穿马镫皮条的孔；在鞍子梁头中部左右各钻两个固定鞍垫的孔；两个鞍翅前后各钻两个挂梢绳的孔；在前后鞍鞒左右下方（梁头下方穿镫带孔的前后）各打一个系肚带、扯肚的孔，两侧共打四个孔。鞍子的骨架制作完成后，即可对鞍子镶贴鞍鞒边，安装必需的辅助器具。在高档的鞍子左右鞍翅前后系梢绳孔的偏上方，还要各打出一个孔，用压钉进行装饰（压钉的形状类似于鞍花，用料与鞍花、鞍鞒边一致），以备连接攀胸、后鞧。

四、蒙古族鞍马用具图案

鞍马用具上的各类图案是蒙古民族审美情趣的展现，蕴涵着深刻的文化内涵。长期在大草原上过游牧生活的蒙古人对自然现象的崇拜、理解，经过艺术提炼，逐步产生了各种具有民族特色的纹饰图案。经常出现于鞍马用具上的有山水纹、云纹、树木花草纹等描摹自然物景物的图案。还有描摹动物的龙纹、鹿纹、五畜纹、蝴蝶纹、蝙蝠纹以及几何图案、吉祥图案等。耐人寻味的是，汉语中的“福”“寿”二字也成为蒙古族鞍马用具上频繁出现的“图案”。众所周知，在中原文化中，蝙蝠（谐音）象征“福”，再延伸而出现了寓意“五福”的五个蝙蝠图案。“五福”系吉祥图案，据《书经·洪范》记载，“五福”是：一曰寿，二曰富，三曰康宁，四曰攸好德，五曰考终命。也就是说，第一福是“长寿”，第二福是“富贵”，第三福是“康宁”，第四福是“好德”，第五福是“善终”。在蒙古族马鞍的鞍鞒、鞍花和鞍韂上出现五个蝙蝠围绕汉文篆字“寿”的“五福捧寿图”，这无疑是中原汉文化之“五福捧寿图”和草原民族鞍马文化的相互融合。能够产生这种现象看似偶然，但也有其必然。蒙古族历来也很讲究使用“福”“寿”二字。蒙古语中的《ᠪᠤᠶᠠᠨ》[buyan]（宝音）译成汉语就是“福”，《ᠥᠯᠵᠡᠢ》[öljei]（乌力吉）译成汉语就是“吉祥福寿”。元代蒙古族皇帝的名字中就有《ᠪᠤᠶᠠᠨᠲᠤ》[buyantu]（有福者）、《ᠥᠯᠵᠡᠢᠲᠦ》[öljeitü]（有吉祥福寿者）。此外，“瓶子”的图案出现在蒙古族用的“鞍子”上，这也是从“瓶子”和“鞍子”的汉语谐音演变而来，其寓意为“平平安安”。《ᠡᠩᠬᠡ》[engxe]、《ᠲᠦᠪᠰᠢᠨ》[tübsin]（恩和、特布信）等蒙古人常用人名就是“平安”的意思。既然有这种共同的文化基础，长期与中原汉民族频繁接触的蒙古族，其马鞍上出现“五福捧寿”纹饰等也就顺理成章了。

一　马鞍的种类

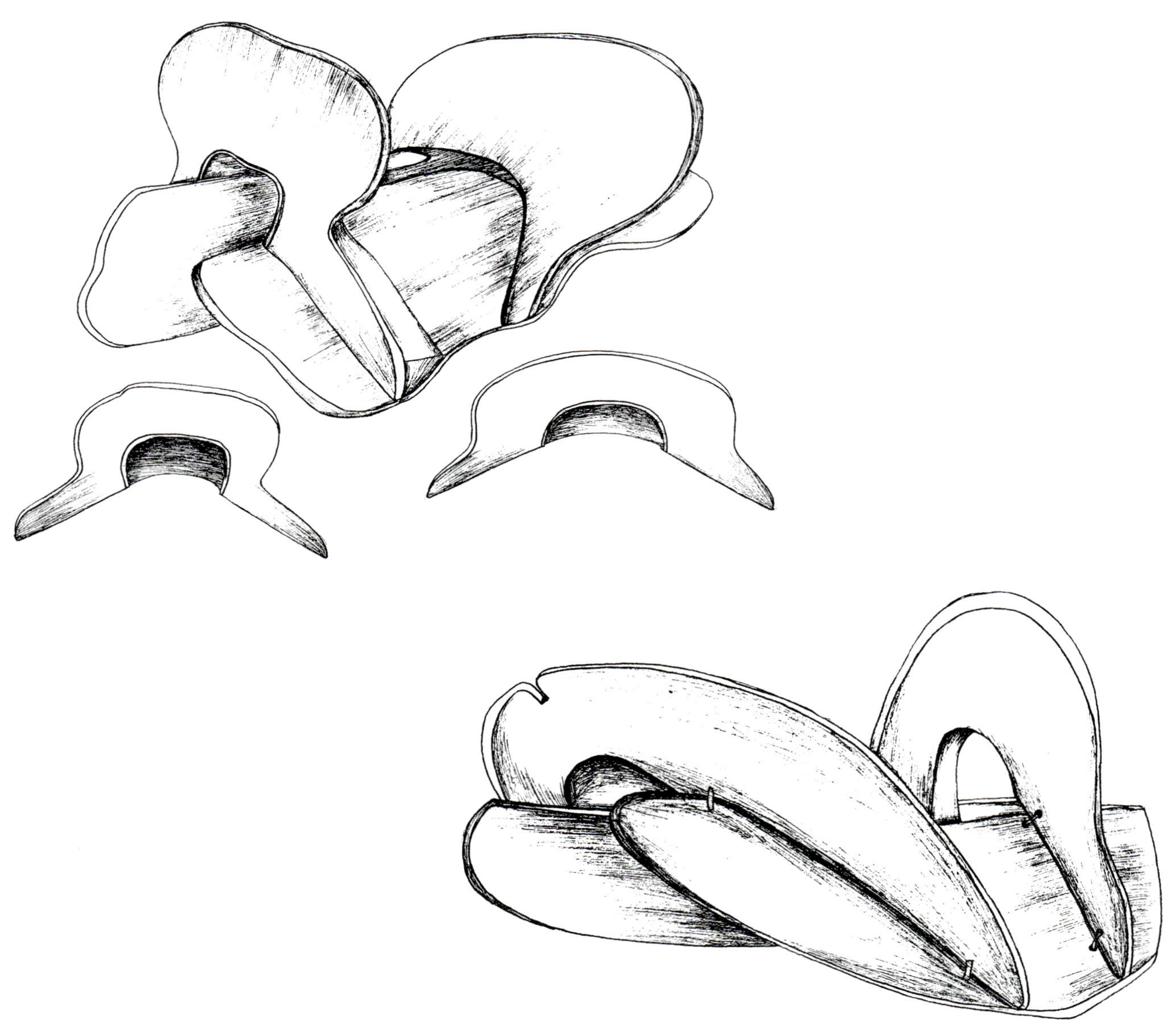

蒙古族古代马鞍

原件出土于蒙古国科布多省曼汗县

包金马鞍

蒙古汗国

金

前鞍鞒通高20.8厘米

前鞍翅2件长32.7厘米　宽10.6厘米

内蒙古博物馆藏

前鞍鞒主体图案为八曲海棠形框内浮雕卧鹿纹,框内外以牡丹花卉纹装饰。前鞍翅主体图案为缠枝牡丹纹，边饰莲瓣及草叶纹。

成吉思汗陵供奉的成吉思汗马鞍

蒙古汗国
木
高29厘米　长56厘米　宽30厘米
内蒙古自治区成吉思汗陵供奉

成吉思汗陵内供奉的马鞍共有三套，相传为成吉思汗生前使用的征战马鞍、生活马鞍及狩猎马鞍。

大尾式"达"记镶银马鞍

清
银、木、皮
通高76厘米　长51厘米　宽35厘米
内蒙古博物馆藏

马鞍为大尾式，鞍鞒及鞍翅包皮镶银，前鞍鞒正面镶錾金"达"字银饰。笼头两侧为黄丝带缰绳，系清廷赏赐的紫缰。此为阿拉善和硕特亲王达理扎雅遗物。

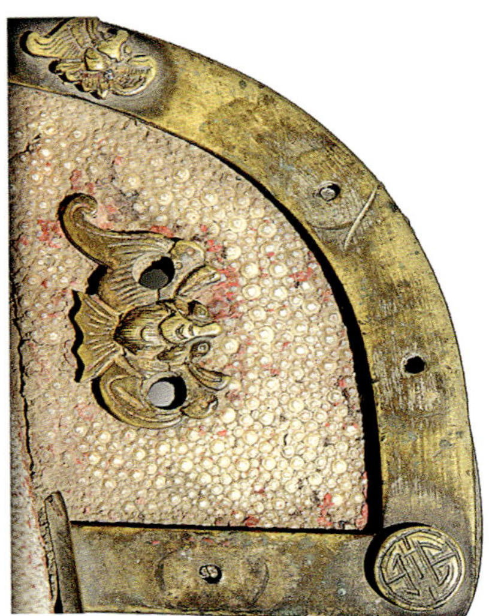

八鞍鞒边包鲨鱼皮大尾式马鞍

清

黄铜、木、鲨鱼皮

长46.5厘米　宽37厘米　高27厘米

内蒙古大学民族博物馆藏

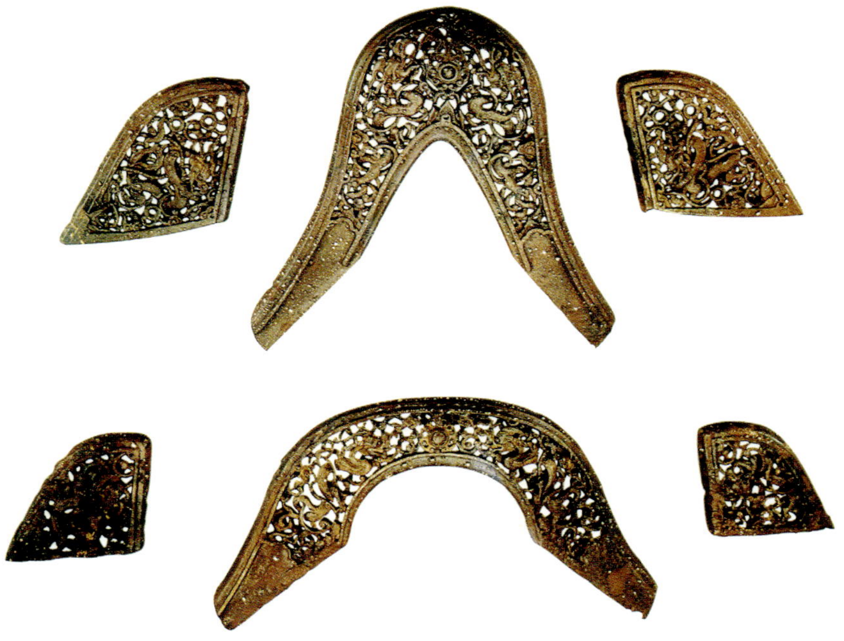

镂雕铜马鞍饰件

明
铜
前鞒高25厘米　宽23厘米
后鞒高18厘米　宽30厘米
内蒙古呼伦贝尔市征集
内蒙古博物馆藏

六件马鞍饰件上均镂雕龙纹。为明代蒙古贵族所用马鞍饰件。

双鞍鞒边包鲨鱼皮马鞍

清
木、鲨鱼皮、黄铜
长43.5厘米　宽34厘米　高25.5厘米
内蒙古大学民族博物馆藏

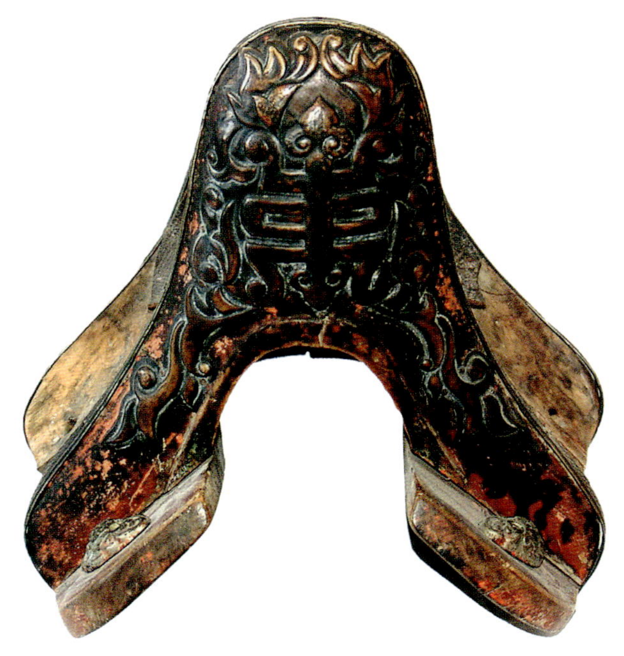

寿字纹尖脑小尾式马鞍

清

铜、木

高30厘米　长39.5厘米　宽28.5厘米

内蒙古大学民族博物馆藏

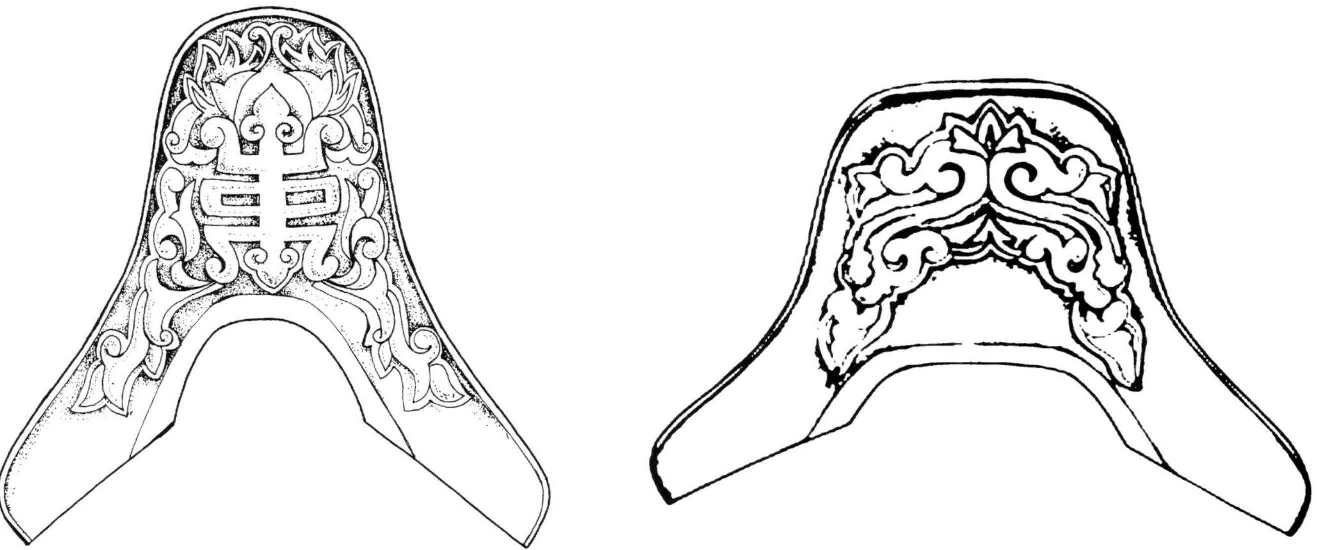

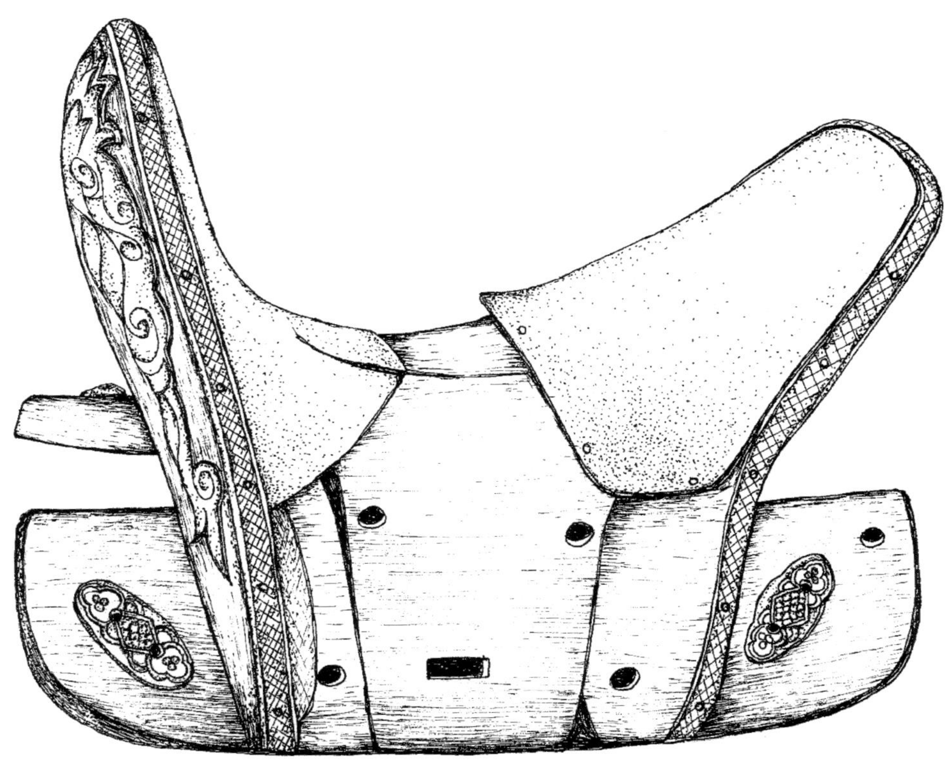

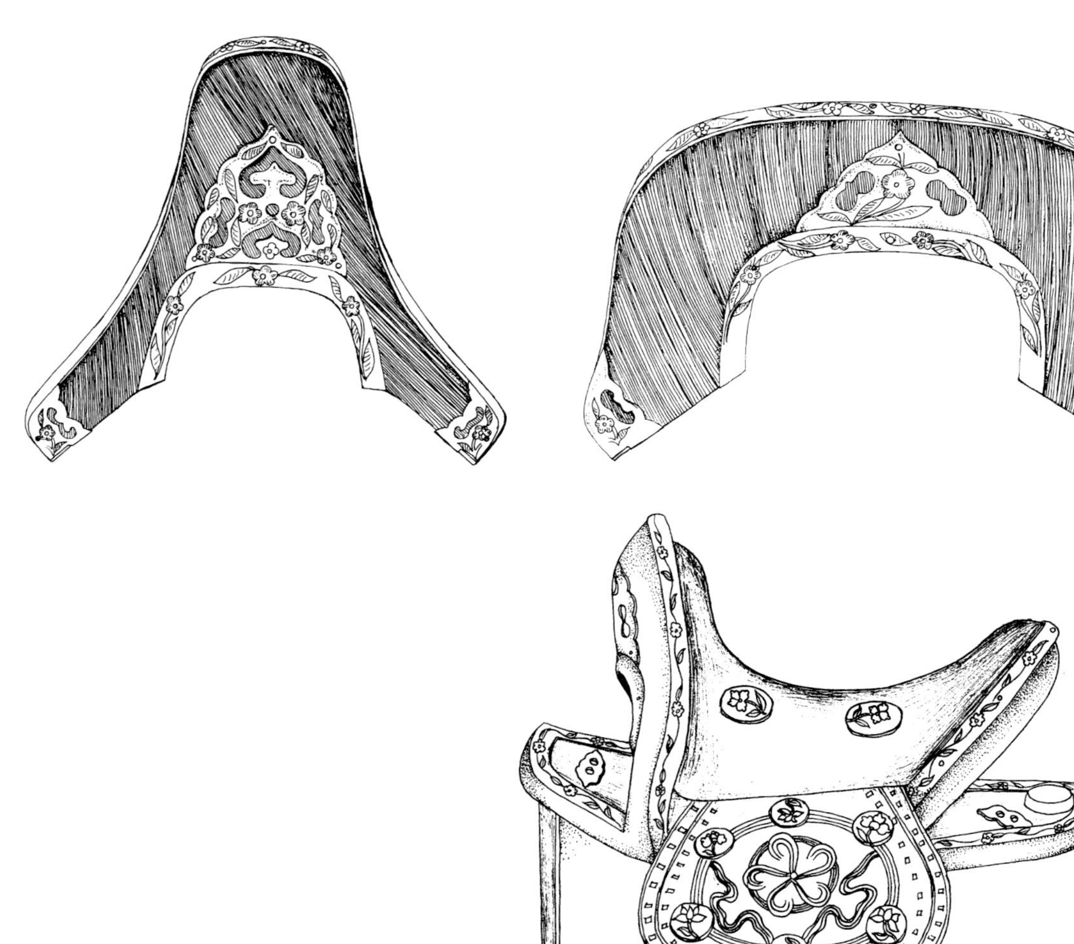

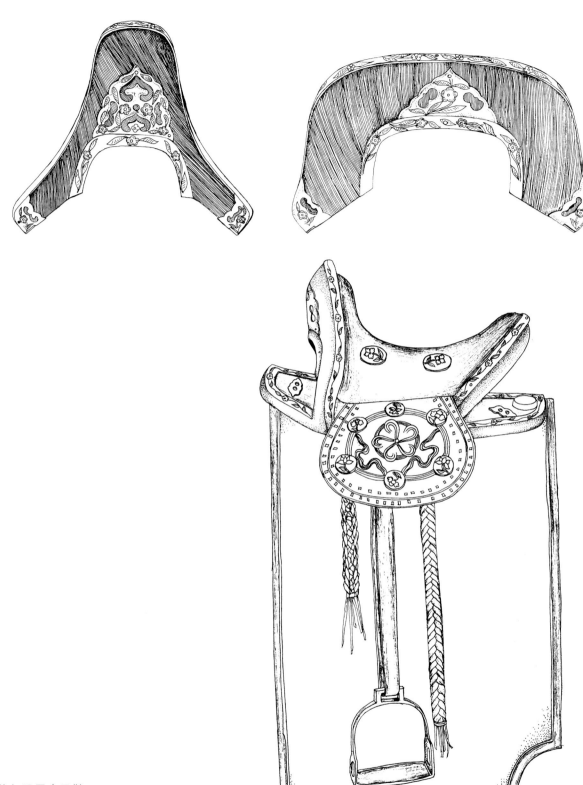

景泰蓝包股子皮马鞍

清
景泰蓝、木、皮
通高83厘米　长42.3厘米　宽35.5厘米
原件藏于内蒙古大学民族博物馆

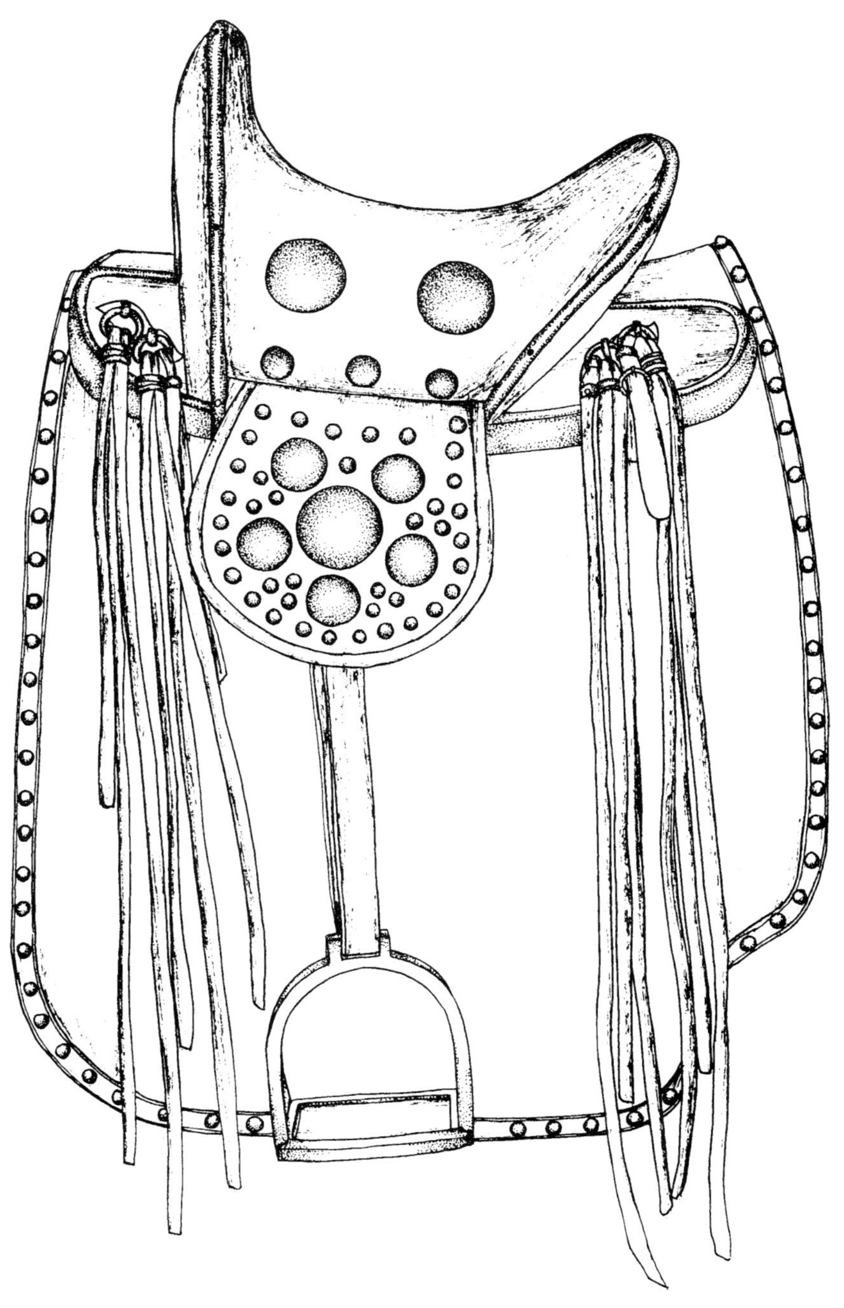

方脑大尾式白铜马鞍

近代
白铜、木、皮
通高 82.6 厘米　长 45 厘米　宽 29.5 厘米
原件藏于内蒙古大学民族博物馆

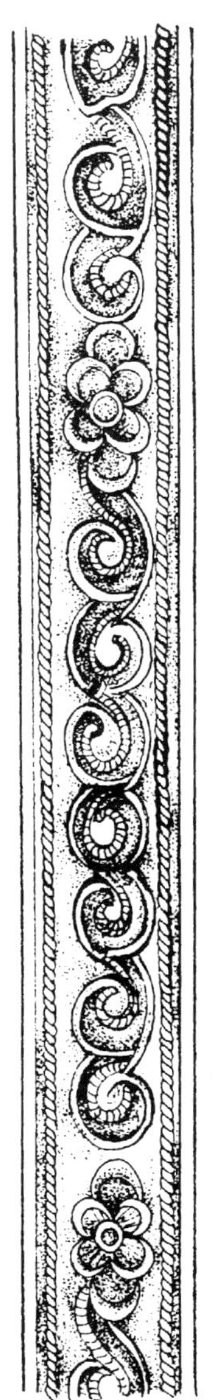

鞍韂边

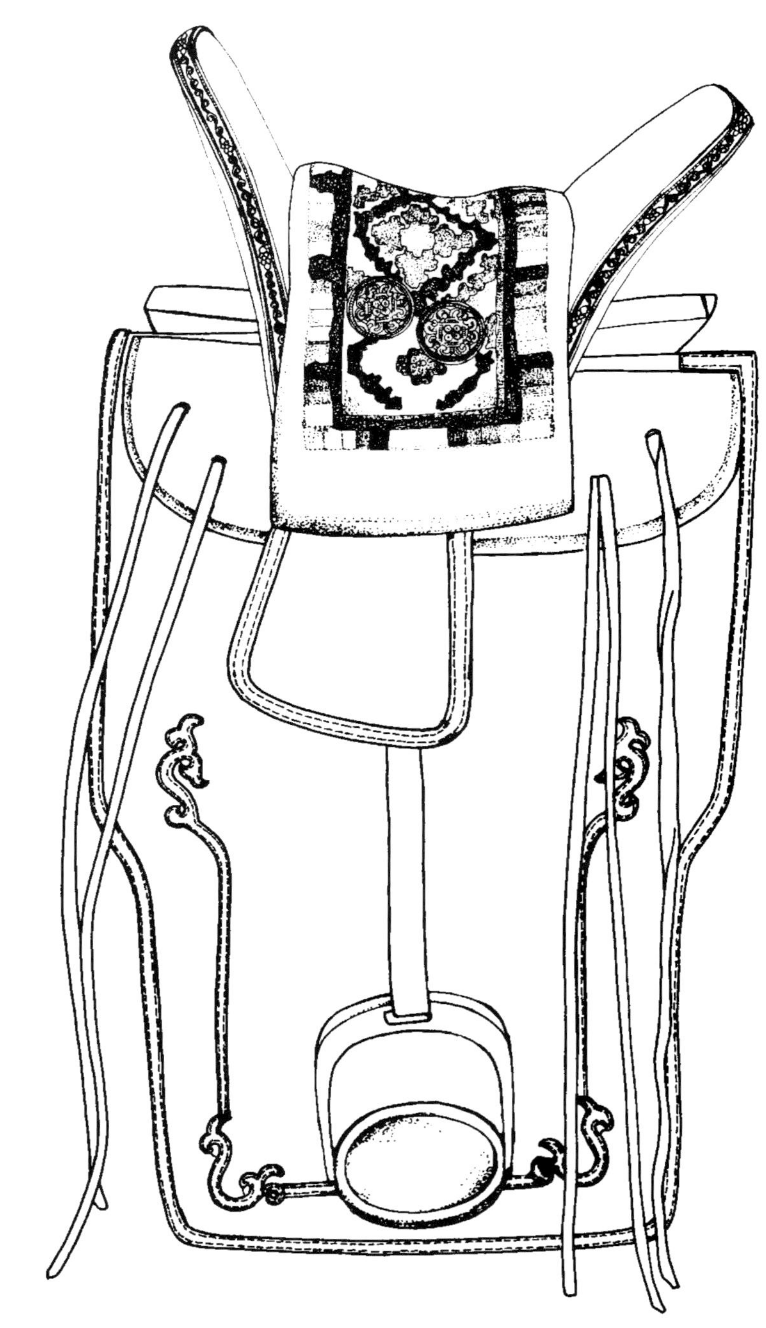

锡林郭勒元宝式银马鞍

近代

银、木、皮、毡绒

通高80.9厘米　长38.4厘米　宽33厘米

原件藏于内蒙古大学民族博物馆

锡林郭勒元宝式马鞍

近代

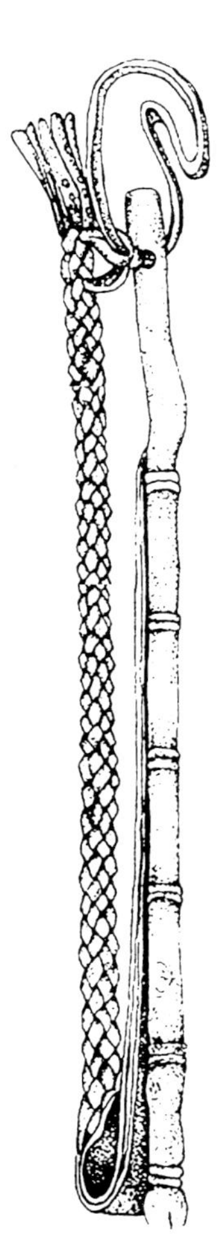
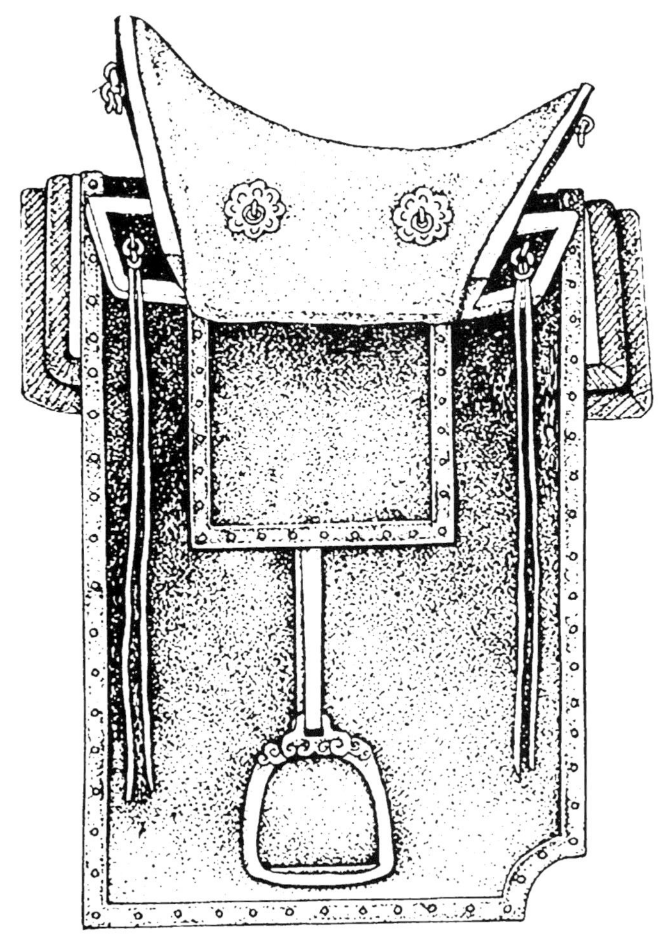
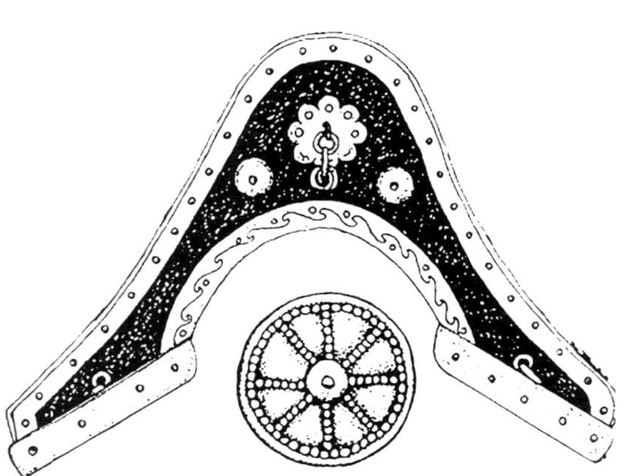

乌梁海（旧时蒙古族之一部）马鞍

清

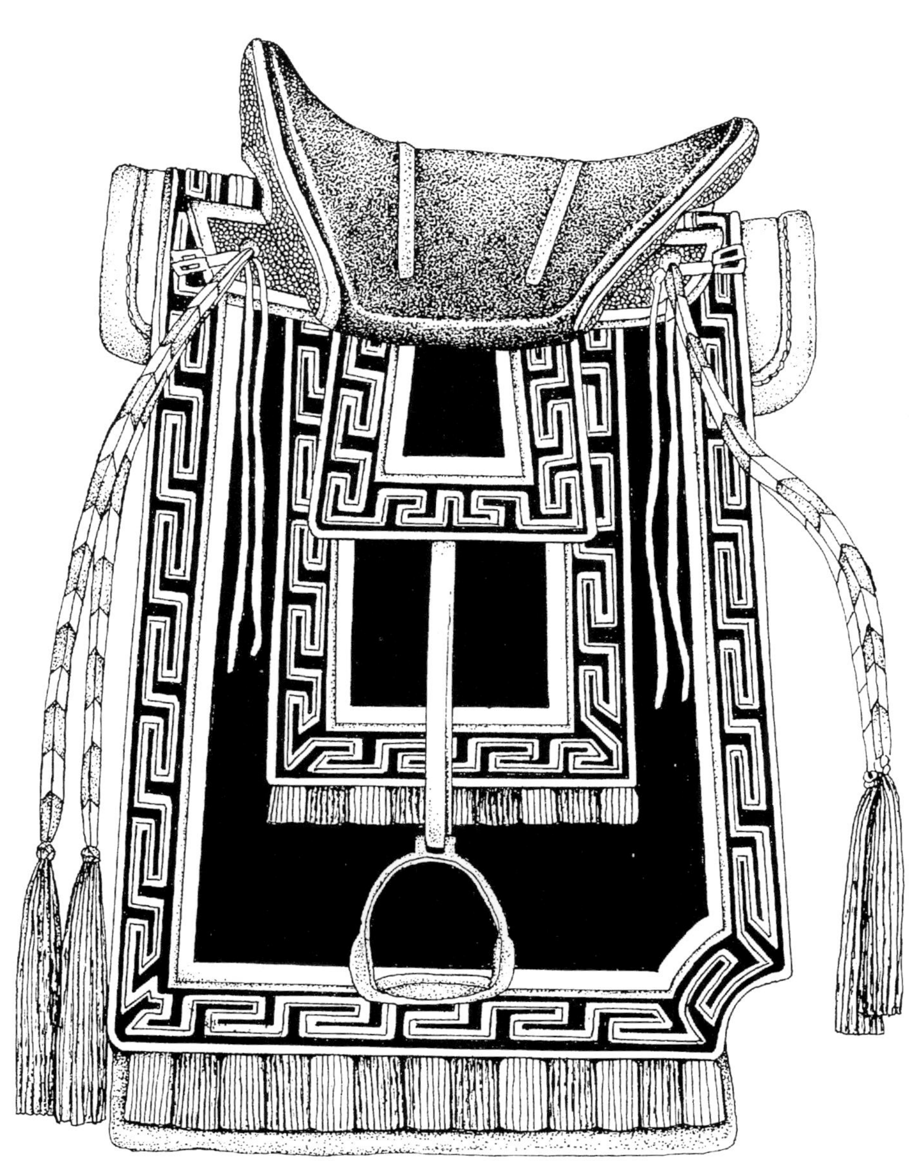

额鲁特马鞍

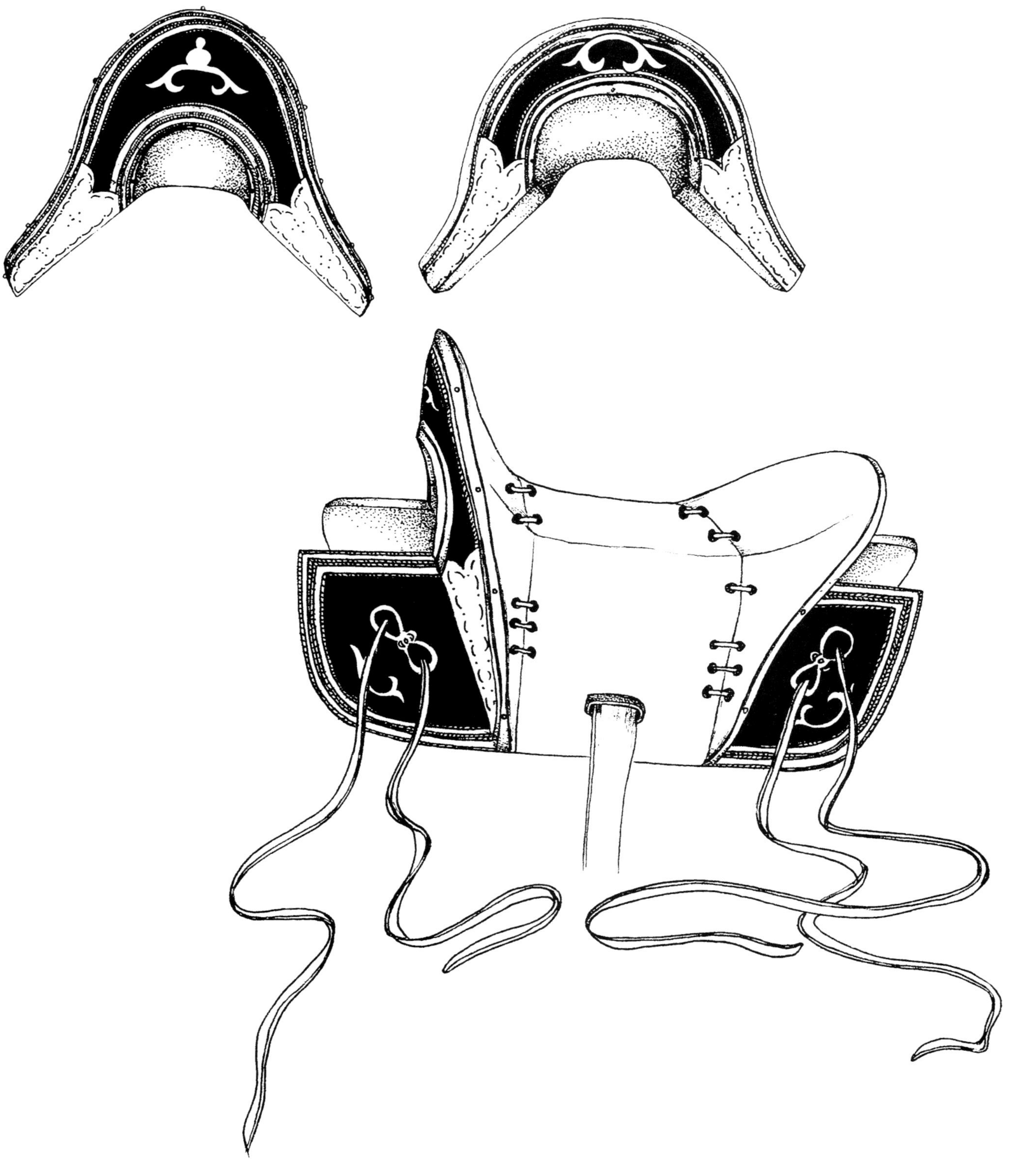

卫拉特甲克沁氏族包粗面皮革马鞍

哈萨克马鞍

清

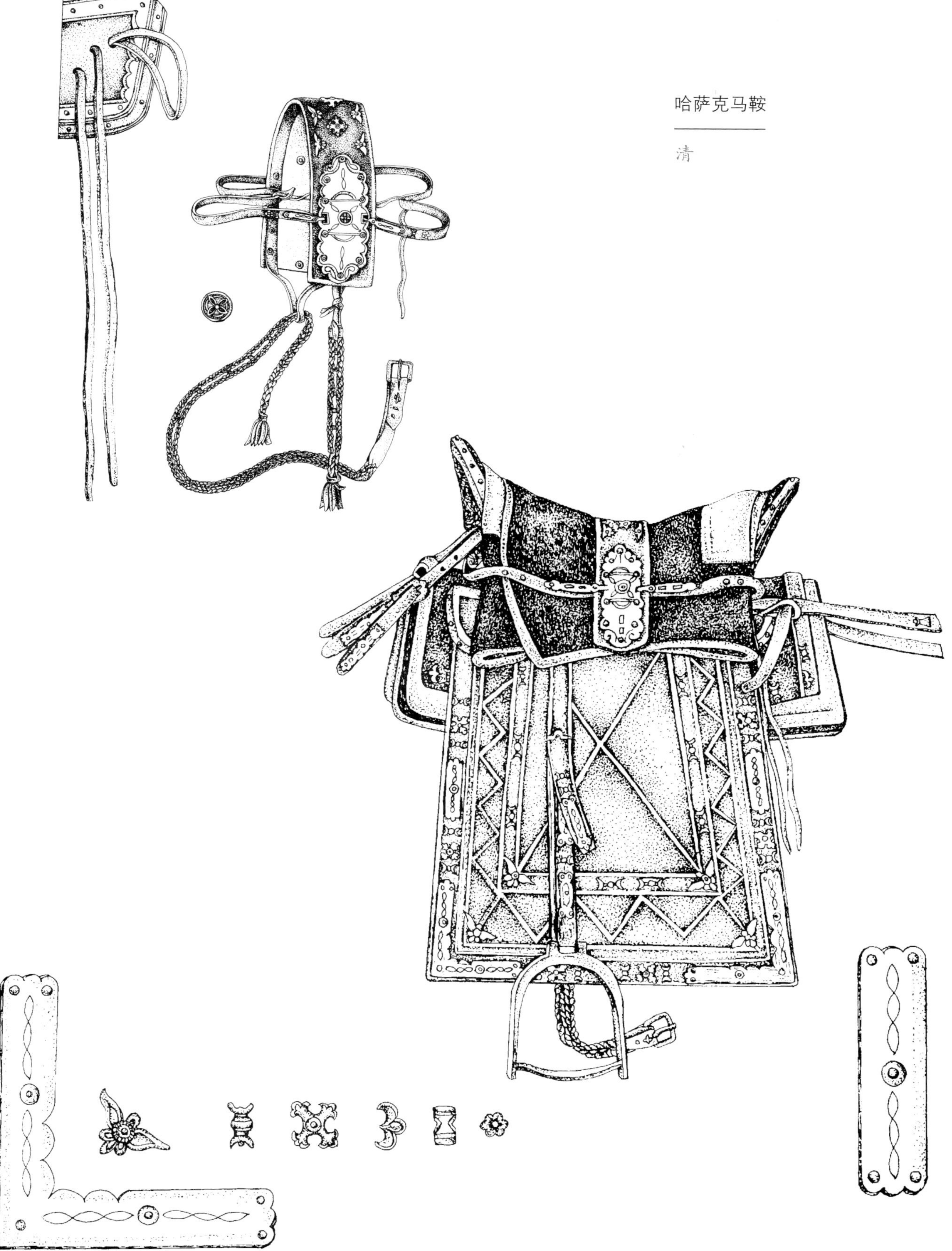

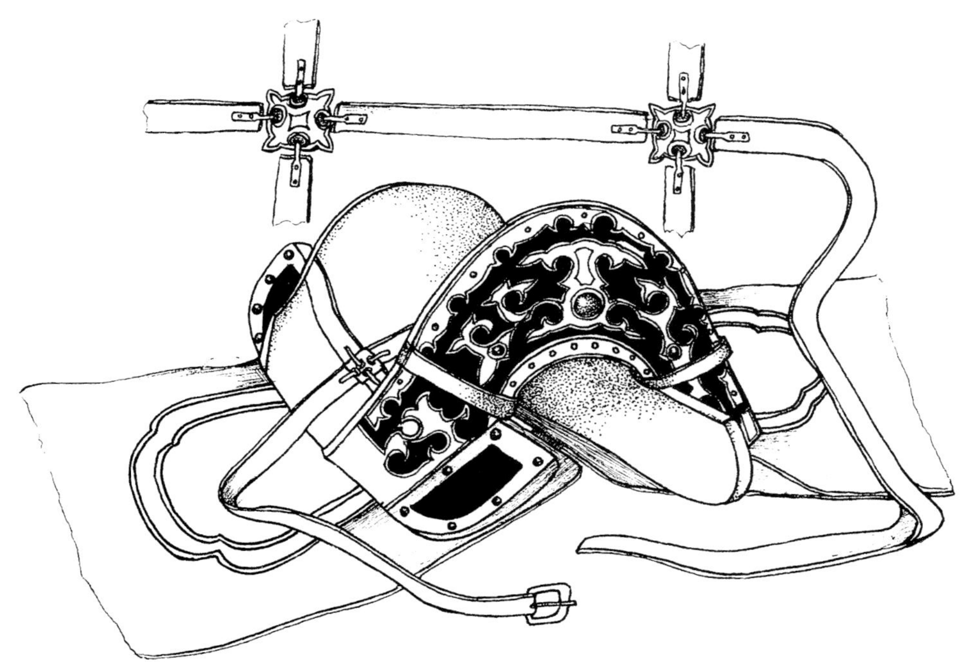

土尔扈特马鞍

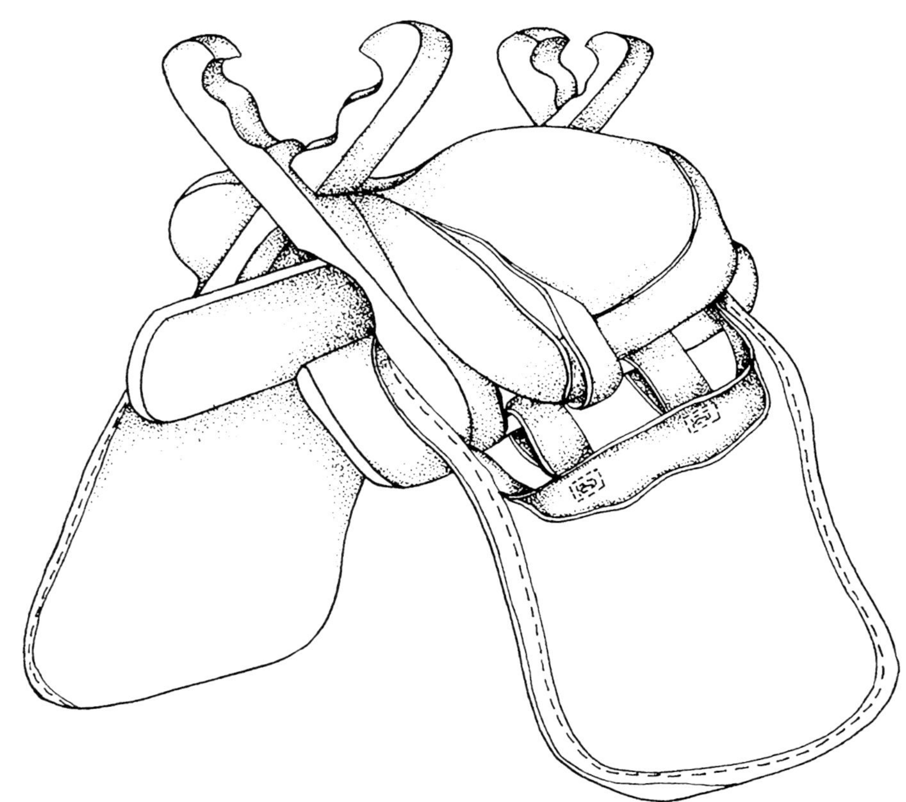

架鞍

马鞍前后鞍鞒上捆绑交叉的木架，便于儿童骑乘。

双龙纹银马鞍

清

黄铜、银、木

高29厘米　长51厘米　宽34厘米

内蒙古大学民族博物馆藏

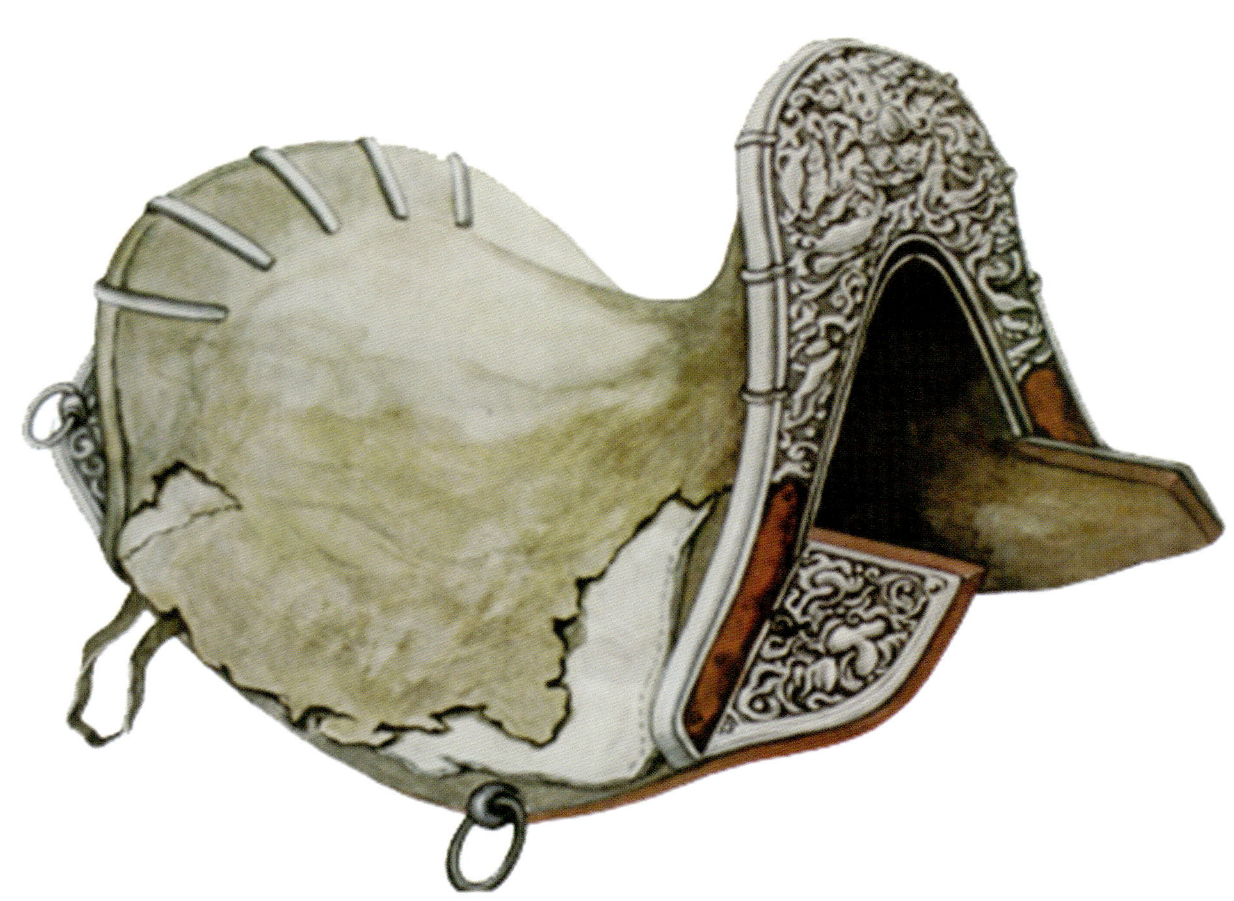

驮载官方印章、寺庙神祇用马鞍

驮载官方印章、寺庙主要神祇的专用马鞍
蒙古国科布多省科布多苏木地方学研究室藏

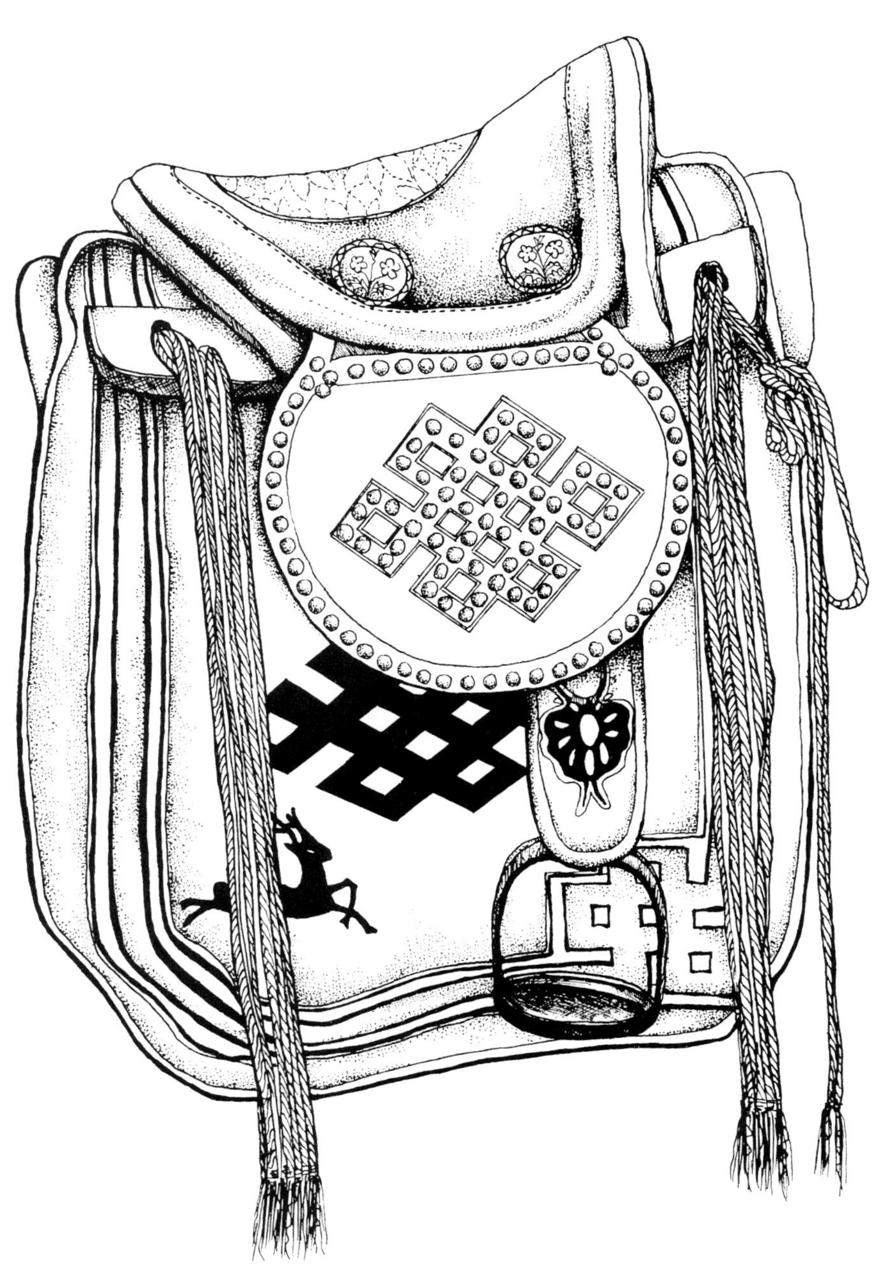

近代军用马鞍

近代
木、银、皮
高87厘米　长50厘米　宽37厘米
原件征集于内蒙古自治区通辽市

二　马鞍的构成与马鞍的制作技巧

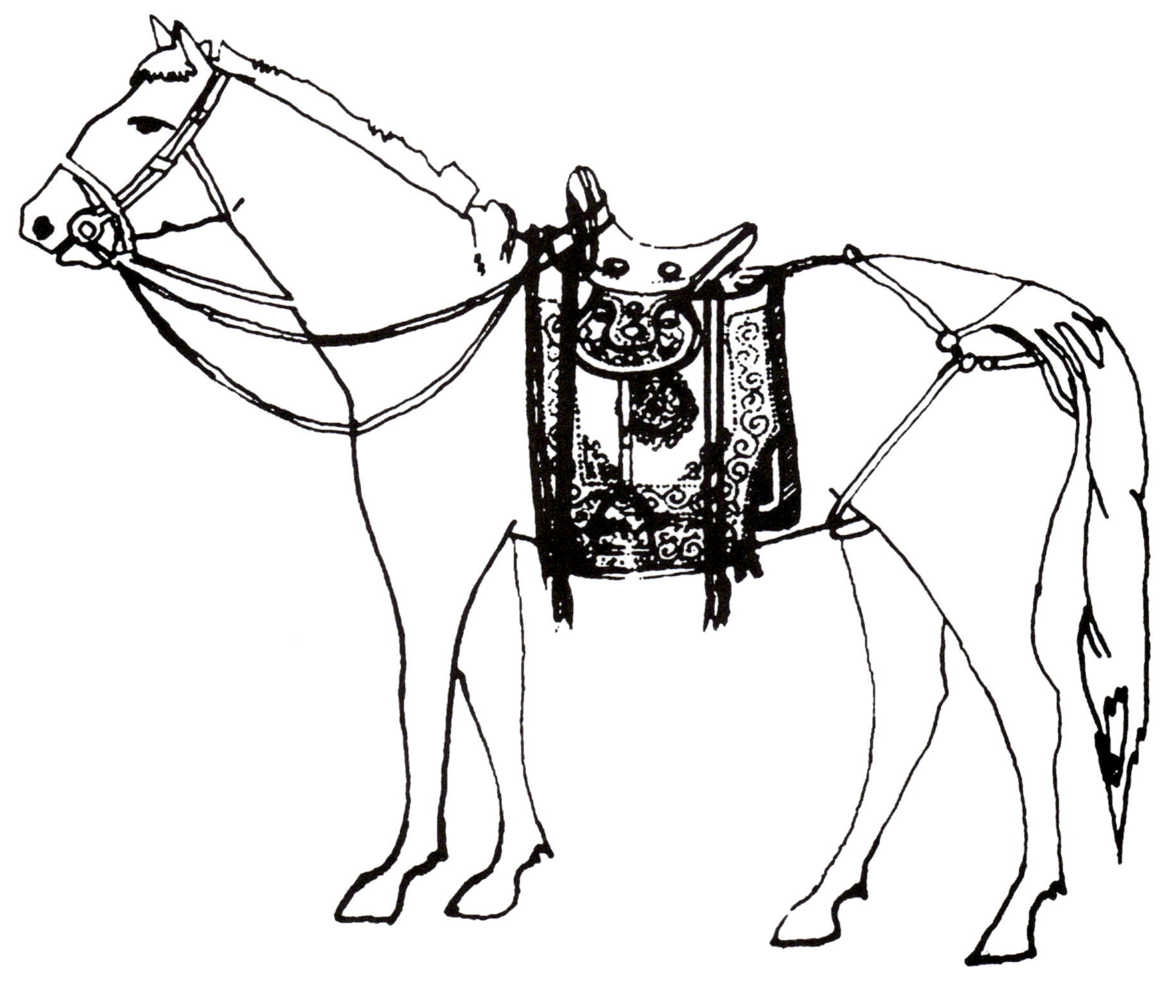

鞴鞍的马

1. 鞍翅　2. 前鞍桥　3. 后鞍桥　4. 接缝

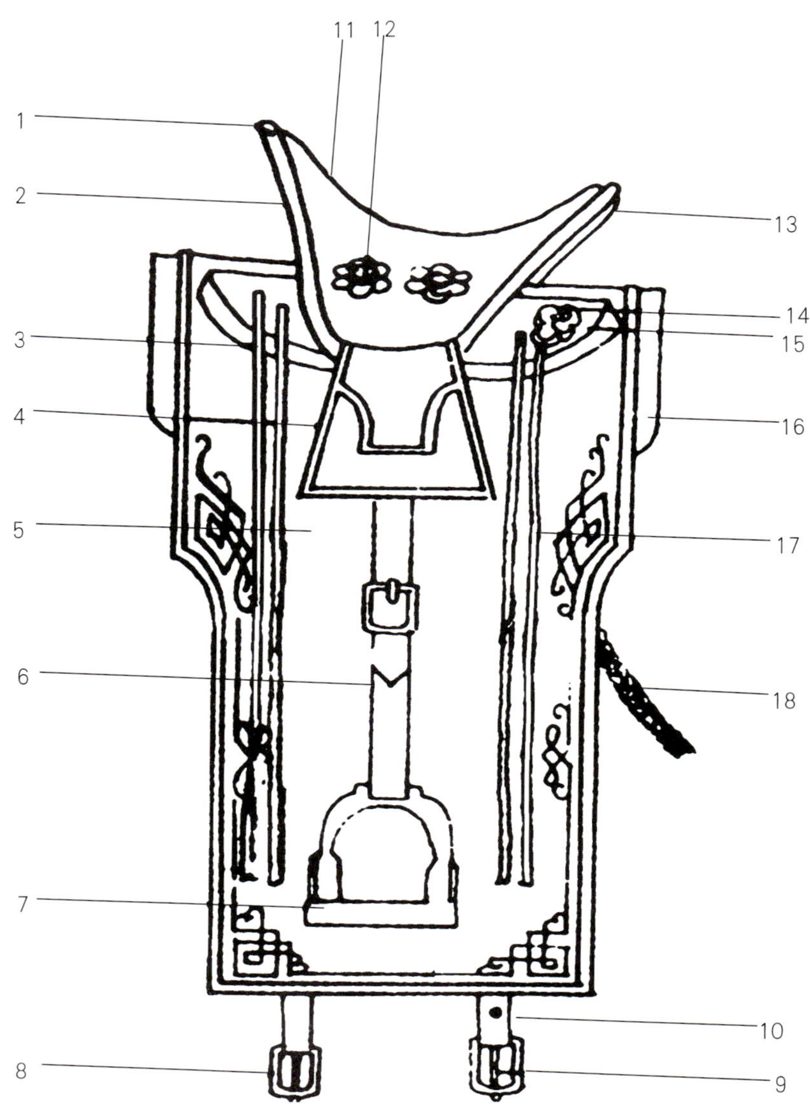

马鞍结构名称

1. 鞍鞒边
2. 前鞍鞒
3. 前梢绳
4. 镫磨
5. 鞍韂
6. 镫带（吊镫皮条）
7. 马镫
8. 带扣
9. 楔
10. 肚带
11. 鞍垫
12. 鞍花
13. 后鞍鞒
14. 泡钉
15. 鞍翅
16. 鞍屉亦称“鞍鞯”
17. 后梢绳
18. 扯肚

几种用皮条连接接缝方式

制作马鞍

工具箱（附工具）

现代
木
高29厘米　宽43厘米
内蒙古大学民族博物馆藏

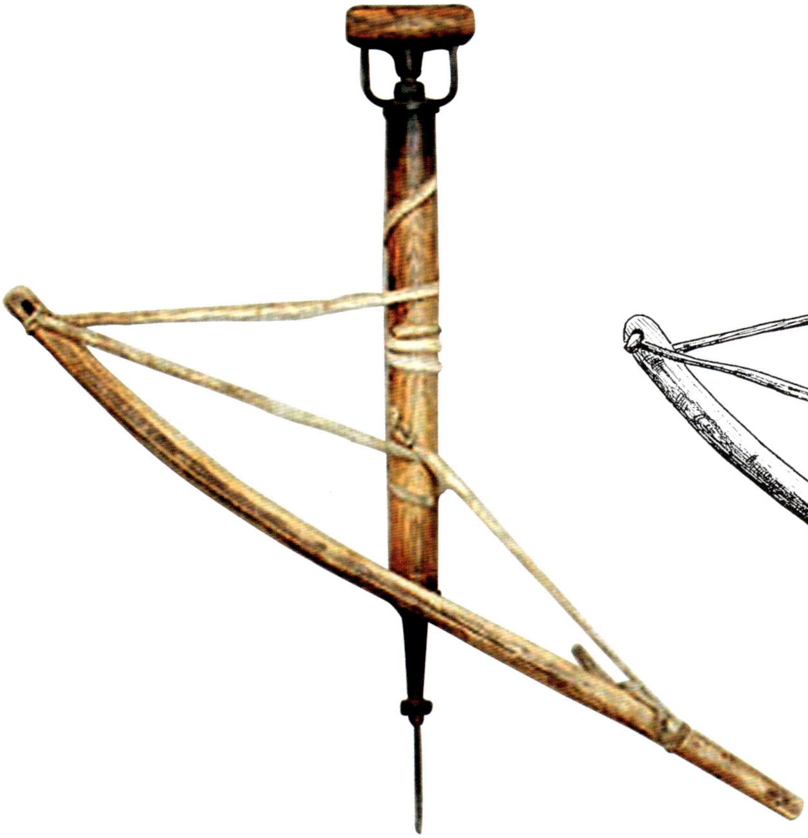

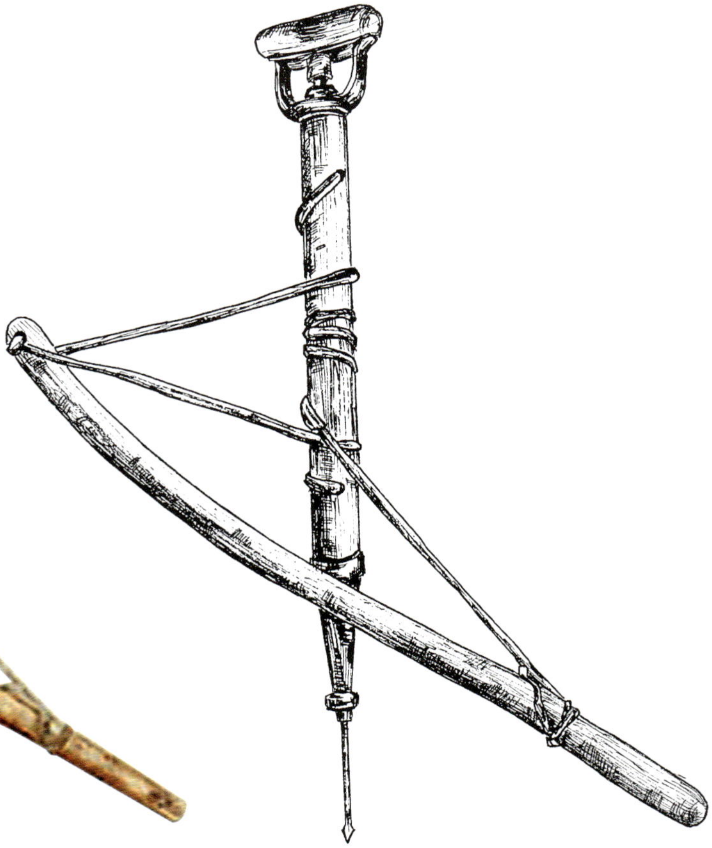

手钻

现代
木、铁
高56.5厘米　宽62.5厘米
内蒙古大学民族博物馆藏

砍鞍锛子

现代
铁、木
通长29厘米　锛子头长15.2厘米
内蒙古大学民族博物馆藏

凿子

现代
木、铁
长46.8厘米
内蒙古大学民族博物馆藏

手锯

现代
木、铁
长33.5厘米
内蒙古大学民族博物馆藏

三 鞍韂边的配制

银匠精心装饰马鞍

银匠制作装饰鞍具的部件

坩埚（用于熔化银子）

现代
高8.5厘米　口径7厘米　底径5.4厘米
内蒙古大学民族博物馆藏

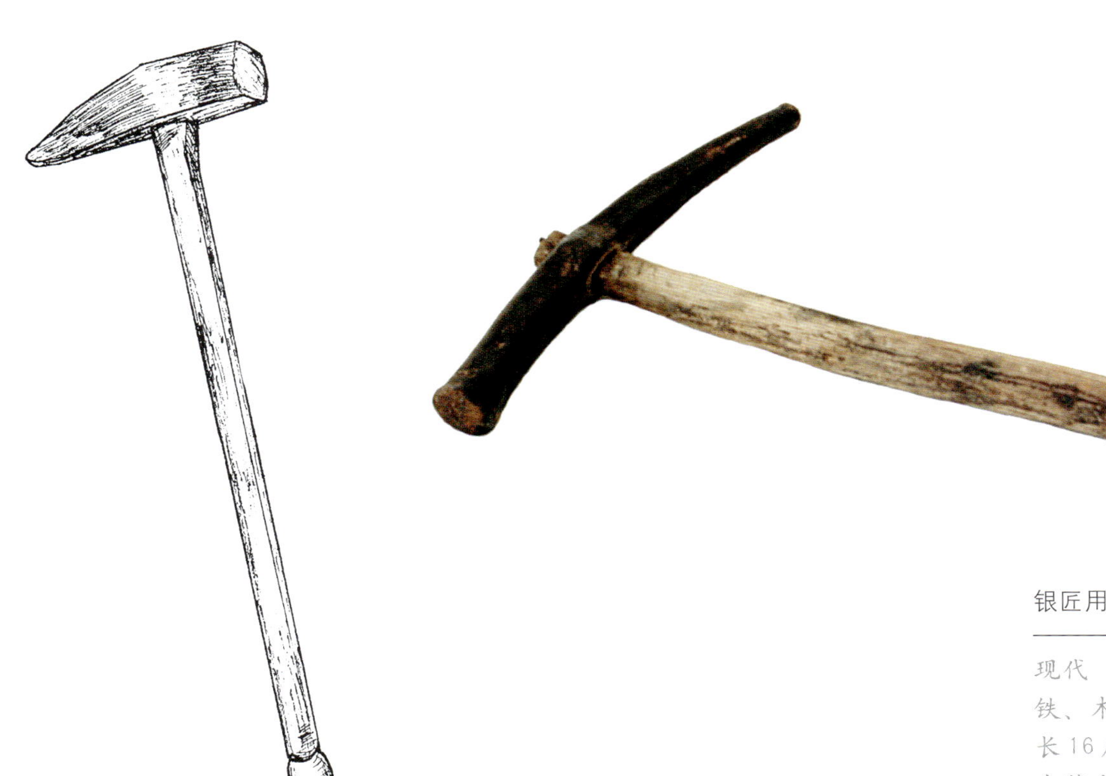

银匠用小锤子

现代
铁、木
长16厘米
内蒙古大学民族博物馆藏

拔丝器（用于制作银线）

现代
铁
长7.3厘米　宽3.2厘米
内蒙古大学民族博物馆藏

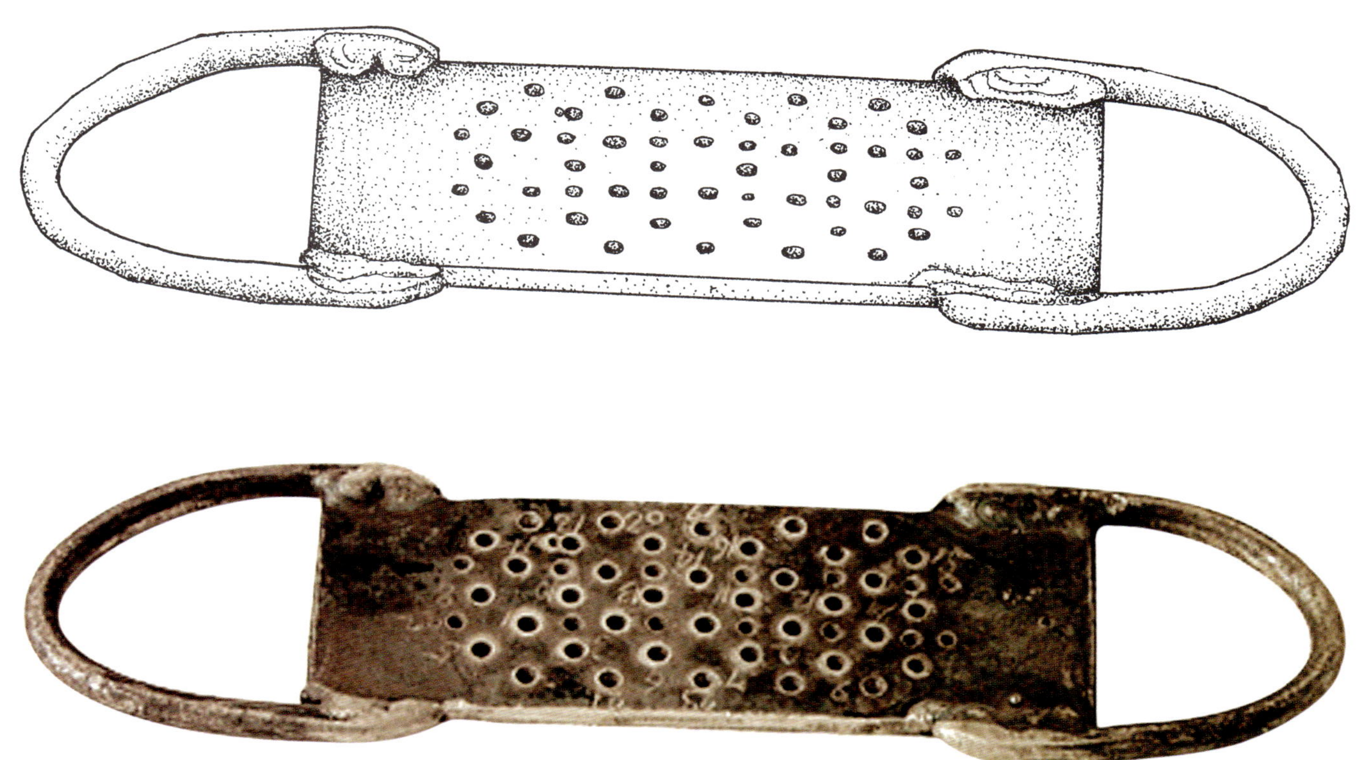

拔丝器（用于制作银线）

现代
铁
长22.4厘米　宽6.1厘米
内蒙古大学民族博物馆藏

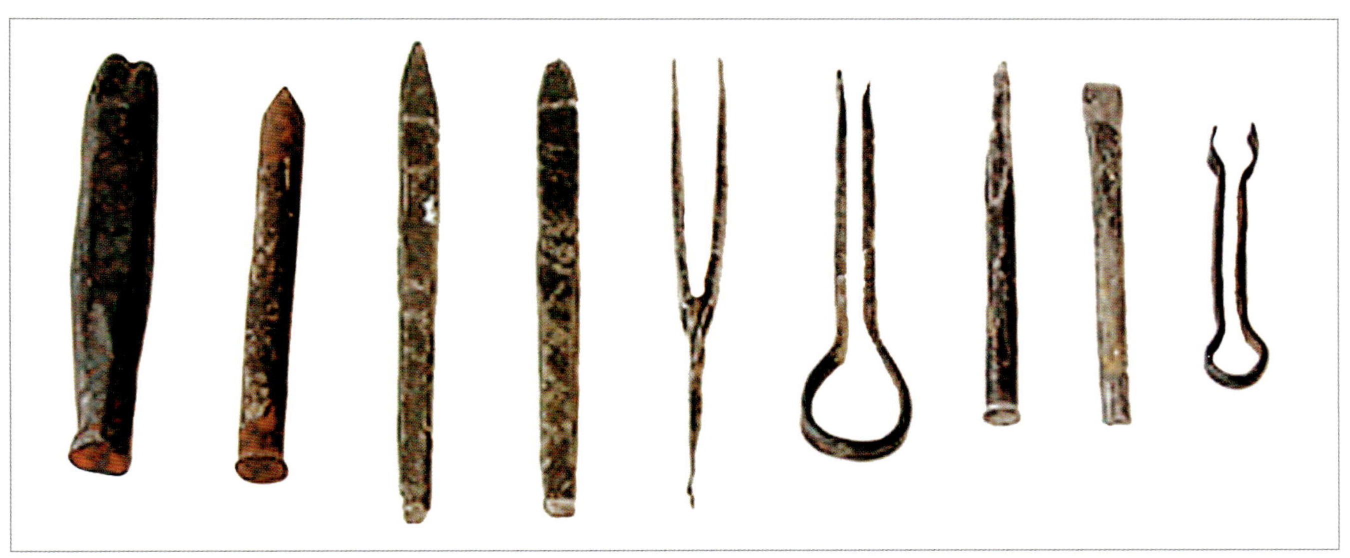

银匠用具（部分）

现代
铁
内蒙古大学民族博物馆藏

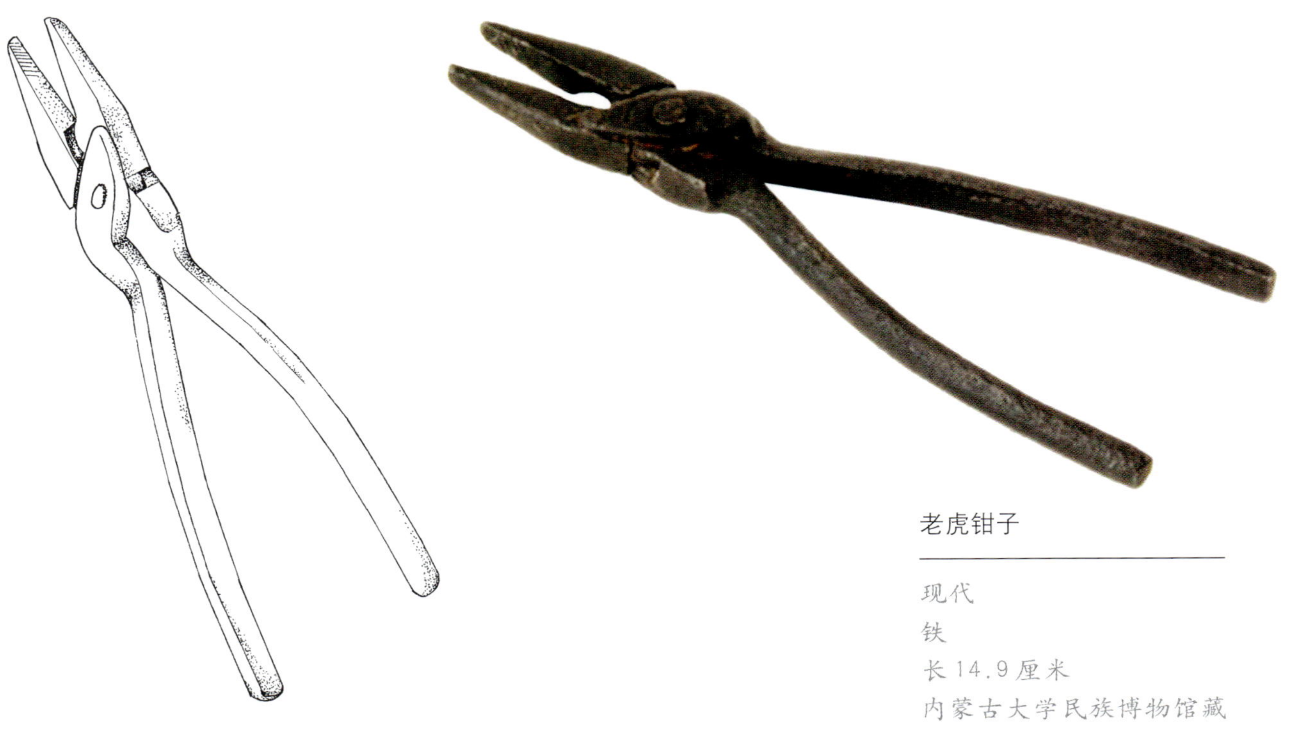

老虎钳子

现代
铁
长14.9厘米
内蒙古大学民族博物馆藏

方铁砧

现代
铁
高8.8厘米　砧面边长9.8厘米
内蒙古大学民族博物馆藏

剁子

现代
铁
长9.9厘米
内蒙古大学民族博物馆藏

冲子

现代
铁
长9.5厘米
内蒙古大学民族博物馆藏

铁制鞍花模具

现代
铁
长6.7厘米　宽5.2厘米
内蒙古大学民族博物馆藏

石制模具

现代
石
高20.8厘米　腹径8厘米
内蒙古大学民族博物馆藏

铁制模具

现代
铁
高1.9厘米　直径7.5厘米
内蒙古大学民族博物馆藏

量银的戥子

现代
木、黄铜
杆长27.9厘米　盘直径7.3厘米
内蒙古大学民族博物馆藏

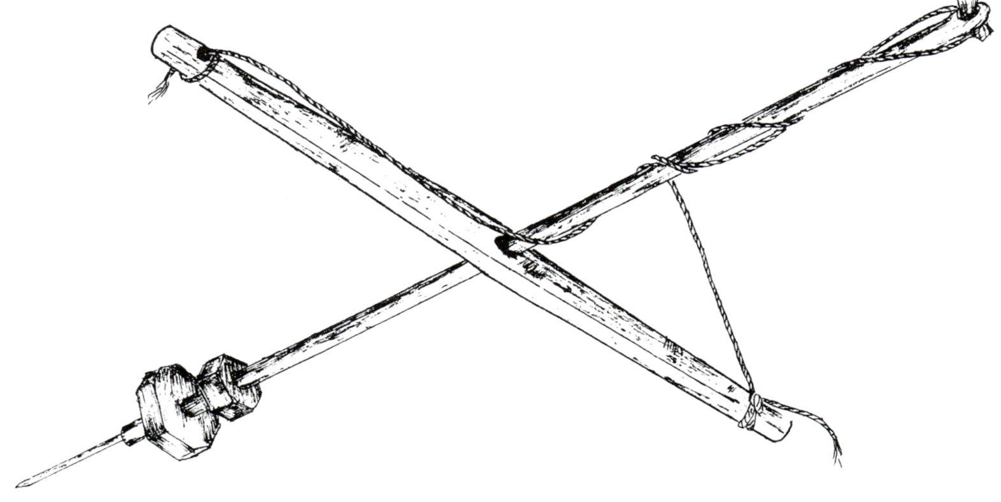

手钻

现代
木、铁
高58.8厘米　宽39厘米
内蒙古大学民族博物馆藏

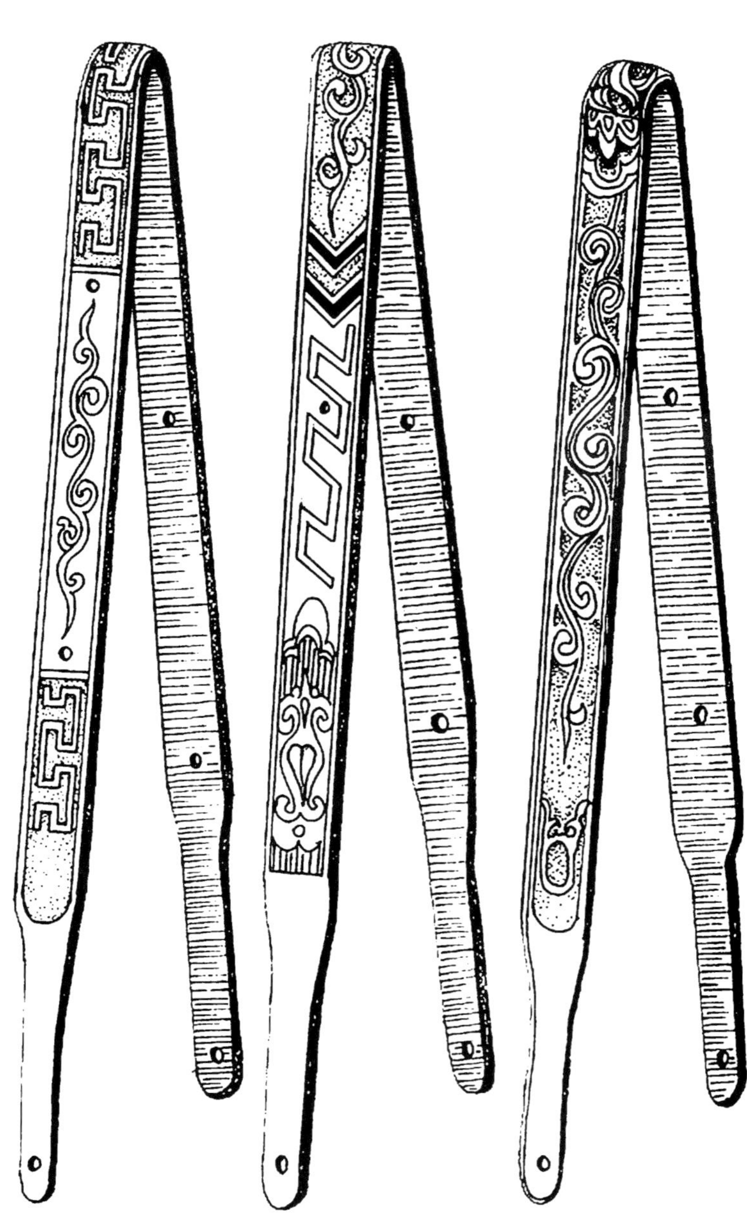

金属鞍鞒边

鞍鞒边图案

錾花银鞍韂边

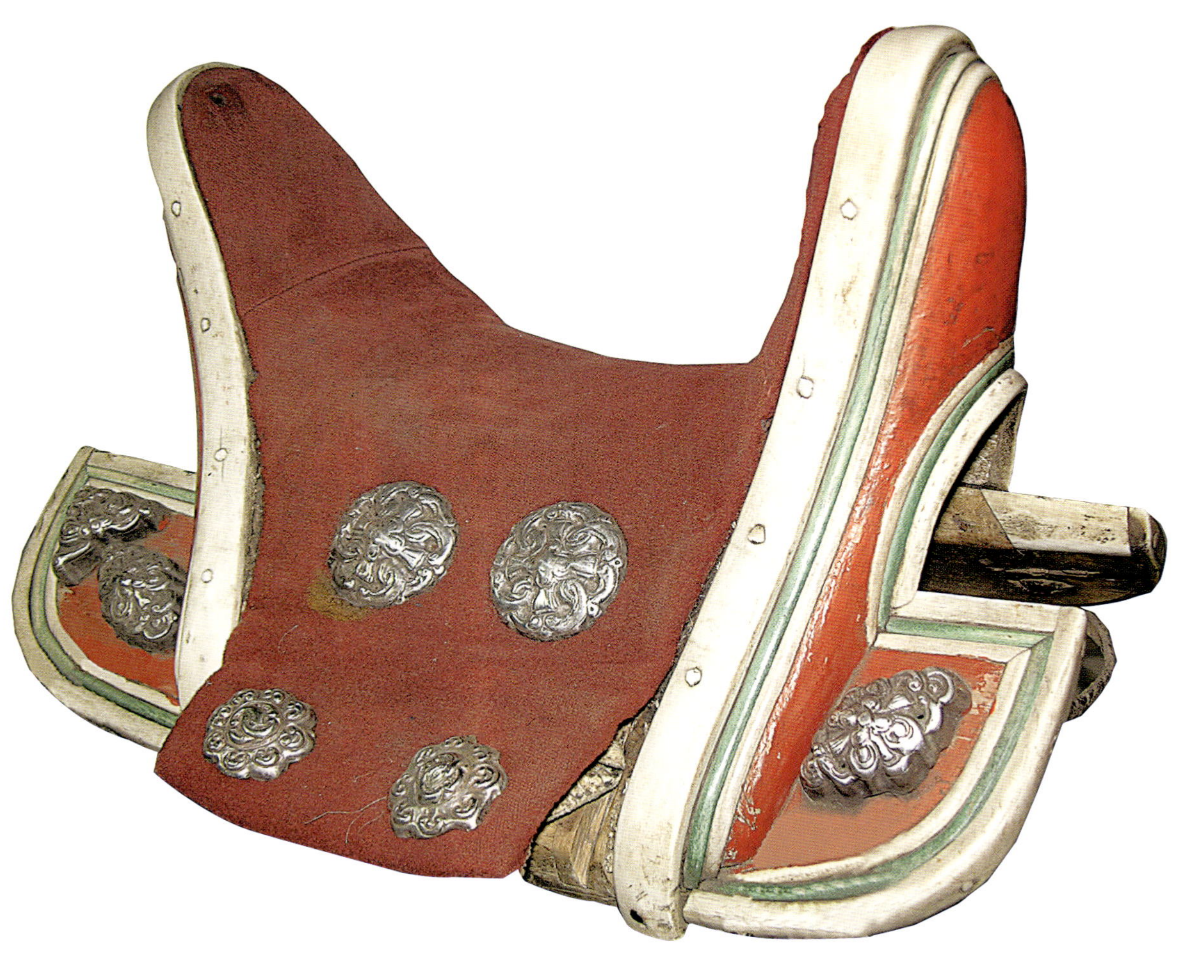

骨制鞍鞘边马鞍

四　蒙古族鞍马用具图案

局部

包股子皮双条白铜五福捧寿纹马鞍

清

皮、白铜、木、毡绒

长 42 厘米　宽 29 厘米　高 27.5 厘米（鞍韂长 72.5 厘米　宽 57.5 厘米）

内蒙古大学民族博物馆藏

该马鞍的鞍桥边为“双条”，鞍韂画有“五福捧寿”等吉祥图案。更为特殊的是，一般马鞍的鞍花或凸或平，而这副马鞍的鞍花则是凹形。其鞍韂是高档的“三合油鞍韂”。据阿拉善当地有关人士说，这是一副阿拉善王爷夫人用过的马鞍。

尖脑大尾式包股子皮白铜烧蓝福寿纹马鞍

尖脑大尾式包股子皮白铜烧蓝福寿纹马鞍

清

白铜、木、皮、毡绒

长 42.7 厘米　宽 27.7 厘米　高 26.5 厘米

内蒙古大学民族博物馆藏

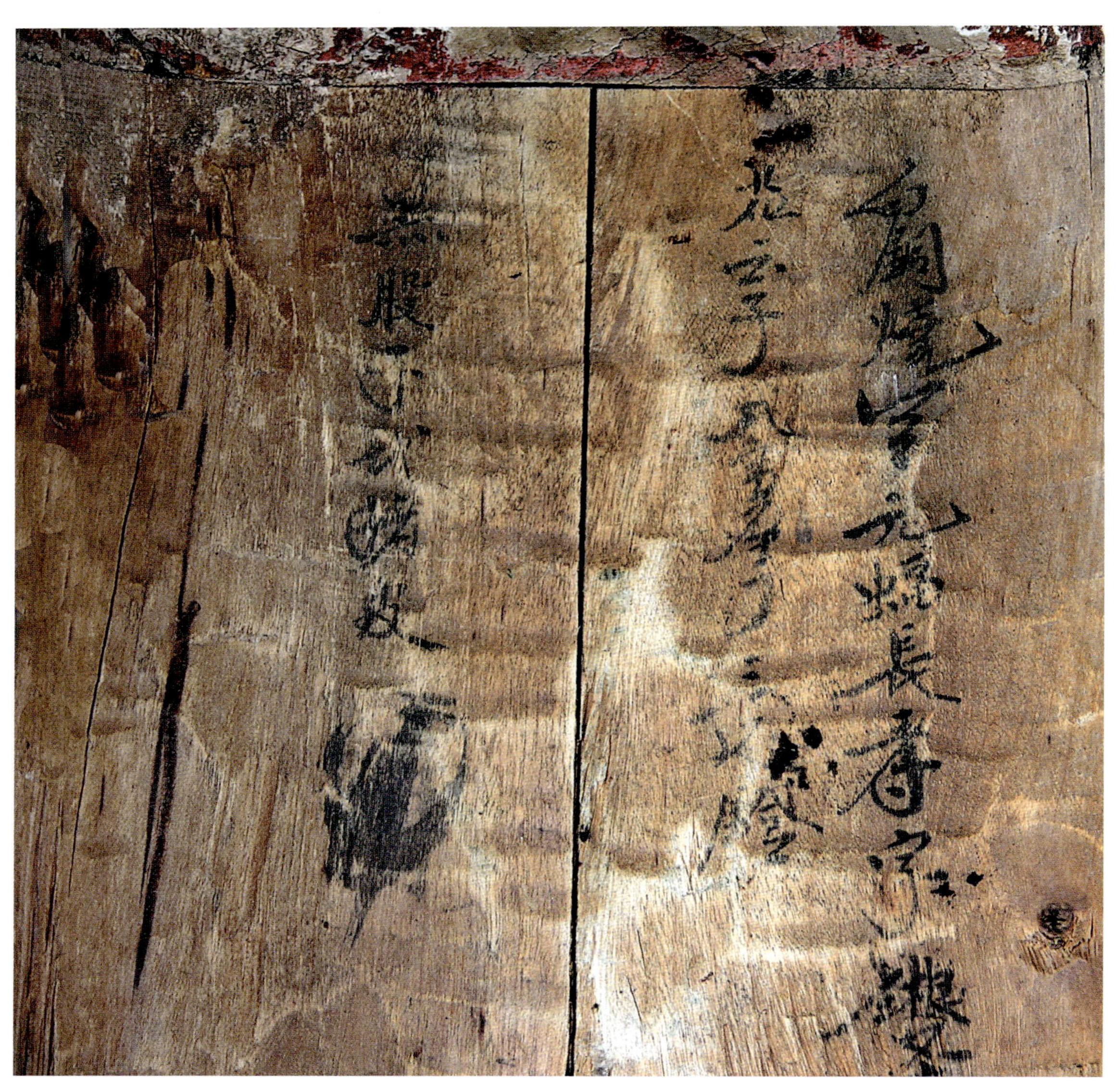

鞍子下边写的三行字提供了该马鞍的相关信息，虽然鞍子的使用时间较长，文字有些模糊不清，但可以辨认出其中的“白铜烧蓝元蝠长寿”“黑股子□□皮”等字样。

前鞍鞒上的五福捧寿纹饰

后鞍鞒上的狮子滚绣球纹饰

五福捧寿纹骨鞍鞒边马鞍

近代
驼骨、木、皮
通高 113 厘米　长 48.3 厘米　宽 33.8 厘米
内蒙古大学民族博物馆藏

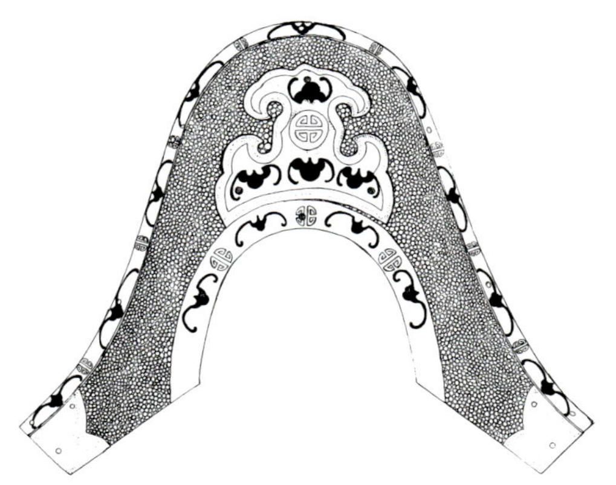

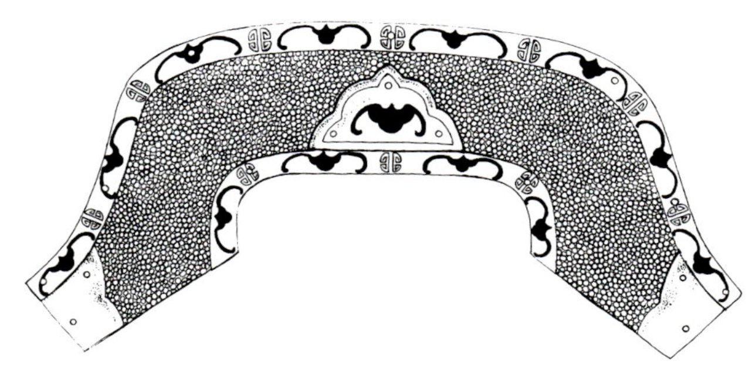

错银双鞍韂边包鲨鱼皮马鞍

清
鲨鱼皮、木、铁
长45.5厘米　宽39厘米　高25厘米
内蒙古大学民族博物馆藏

前鞍韂上围绕“团寿纹”有四个蝙蝠图案，后鞍韂上有一个蝙蝠图案，这是在马鞍上特殊的“五福捧寿”纹饰。该马鞍为大库仑制作。

该图为内蒙古大学民族博物馆贺其叶勒图馆长于2006年5月5日从内蒙古乌拉特中旗81岁高龄的巴图那顺老人家中征集这副有百余年历史马鞍时的情景。

据老人讲，该马鞍是从他爷爷那里传下来的，他9岁那年跟随其伯父去大库仑，给人捎来同样的马鞍后才知道此鞍子是在大库仑制作。老人还说这副马鞍原来的马镫是带螺丝圈的。

鹿角鞍鞒边瘿子木马鞍

高 27 厘米　宽 31 厘米　鞍翅长 44.5 厘米
明博草原文化博物馆藏

瘿子木亦称影子木，瘿子木是树根部的结瘤或树干上的疤结。影子木纹理美观多样而坚硬，适合做马鞍的鞍鞒边。该马鞍镶三道鹿角鞍鞒边，也是高档马鞍之一。

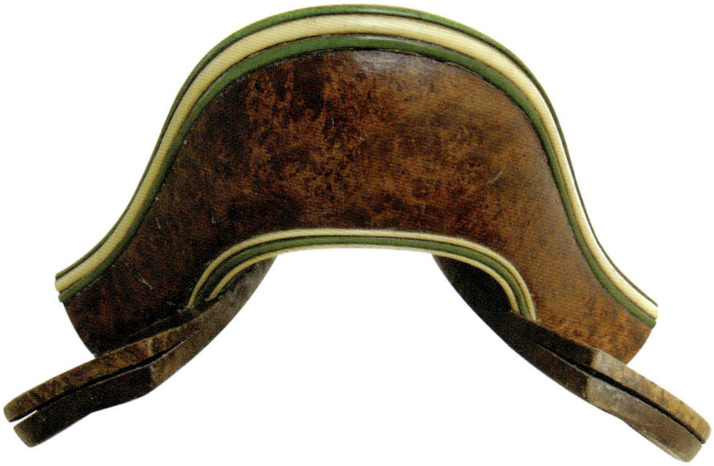

骨制鞍花

内蒙古自治区呼和浩特市张浙藏

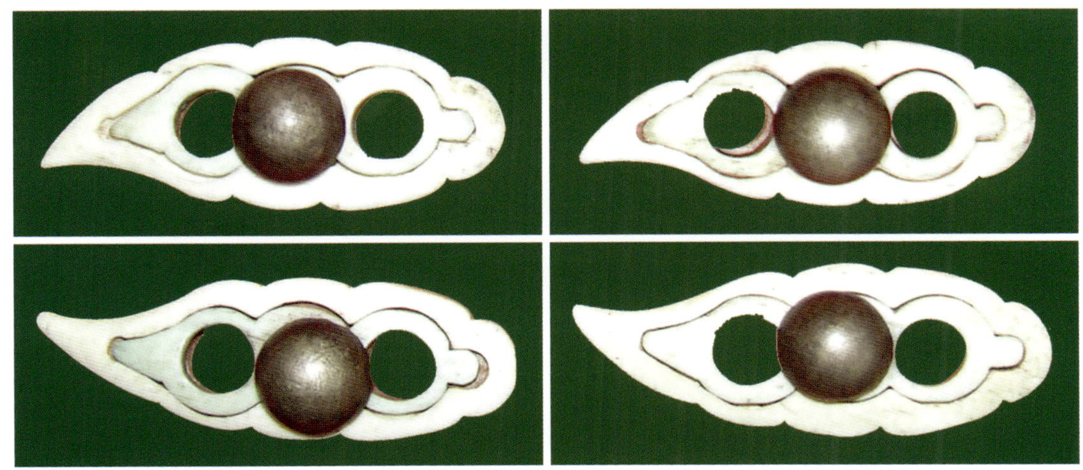

骨制压钉

内蒙古自治区呼和浩特市张浙藏

瓶子纹鞍花

瓶子纹鞍韂

瓶子纹鞍韂　　五福捧寿纹鞍韂

双鱼纹鞍韂

明博草原文化博物馆藏

大尾式鎏金镶珐琅马鞍

清
木、银
皮马鞍高80厘米　长43厘米　宽32厘米
内蒙古博物馆藏

木胎，鞍鞒及鞍翅均包蓝地牡丹花珐琅银饰，前鞍鞒正面镶鎏金寿字，后鞍鞒上有吉祥纹饰。鞍韂为团寿纹栽绒。后鞍鞒为较宽而平缓的大尾式，适用于长途跋涉。马笼头皮质，上镶长方形网纹鎏金饰，缰绳部分为黄丝带，为清廷赏赐的“紫缰”。

贰 马鞍的辅助器具

马鞍的辅助器具指的是马镫、肚带、扯肚、鞍屉、鞍垫、鞍韂、镫磨、梢绳、攀胸、后鞧、鞍花、压钉、泡钉等马鞍必不可少的配件、装饰物。

一、马镫

马镫（蒙古语《ᠳᠦᠷᠦᠭᠡ》[döröge]），用镫带与马鞍连接，使骑乘者与骏马成为整体的重要马具。马镫由镫孔、镫边、镫梁、镫盘构成，讲究的马镫上都有图案。马镫不仅给骑乘者上下马提供了方便，更重要的是有了马镫，人在马背上可坐可站，这就能够使两只手得到解放，马镫增加了骑兵的战斗力以及在马背上的稳定性。因此，史学家认为：马镫的发明是人类历史的重大进步。据史料记载，最早的马镫是用绳索、木杈制作，并且是单镫。后来逐渐发展到今天用铜或铁铸成的金属马镫。

马镫的安装是先把一头带扣环的镫带从镫孔和鞍子上的专用孔穿出，与镫带的另一头相扣（犹如用皮带把马镫与马鞍相连接）。将镫带做成活动的有两个用途：一是便于骑者根据自己身体的舒适度随意调整镫带的长短；二是如果在野外遇到野兽的袭击，需要搏斗时便于卸下右侧的马镫当做武器使用。

二、肚带、扯肚

肚带、扯肚（蒙古语《ᠣᠯᠣᠩ》[olong]、《ᠵᠢᠷᠢᠮ》[ǰirim]），用于固定马鞍的带子，马鞍右侧的叫“肚带”,左侧的叫“扯肚”。肚带长约150厘米，宽约3厘米。前肚带用较细的优质牛皮条编制而成。后肚带用马鬃、马尾掺合一些细软的驼毛等搓成细绳,再把这些细毛绳编织成扁平的带子与带卡连接，把肚带从马鞍右侧的前后专用孔上系结。扯肚长约40厘米，宽约3厘米，是用4～8根细皮条编出一根扁平带子与马鞍左侧的前后专用孔系结。给马鞴鞍子时把鞍子搭在马背上，先把右侧的肚带从马肚子下边拽过来，与左侧的扯肚相扣（因为扯肚是用皮条编制，中间自然形成多个卡住带扣的小眼），这样就能把鞍子固定在马背上。

三、鞍屉

鞍屉，亦称“鞍鞯”（蒙古语《ᠲᠣᠬᠣᠮ》[toxom]），一般都用毡子或马鬃压制，是为了防止马的脊梁和肋骨被鞍子磨伤,也为了吸马汗而垫在鞍子下面的软垫。为了保护鞍屉,还可以用粗布料将其包裹加固。

四、鞍垫

鞍垫（蒙古语《ᠳᠡᠪᠰᠡ》[debse]），垫在鞍子上用来增加骑者舒适度的布垫。鞍垫一般选用大绒、灯心绒等粗布料和栽绒毯子,根据鞍面形状，与鞍轿找齐缝制。鞍垫上还可以绣花纹作装饰，左右两侧各用两个鞍花固定在鞍子上。

五、鞍花

鞍花（蒙古语《》[daruγulγ_a]），一般都是用银、铜、景泰蓝等金属制作，也有骨制的鞍花，用于固定鞍垫。鞍花上可以錾刻各类图案，也有素面鞍花。鞍花的形状一般为圆形、椭圆形；面略凸或平，也有方形鞍花和凹面鞍花。鞍花的用料和图案与鞍子的其他金属装饰材料相一致。

六、鞍韂

鞍韂（蒙古语《》[gölim]），用来防止马镫碰伤马身，同时也防止马身上的汗水、毛渍弄脏骑手衣物。鞍韂用皮革或栽绒毯做成，将宽度略超过鞍翅长度，长度略超过马镫长度的两块鞍韂从中间缝合连接，置于鞍子下面、鞍屉之上。马镫的镫带从鞍子下方穿过鞍韂外，这样鞍韂就把马镫、骑手的双腿与马身隔开了。

古代的鞍韂是把牛皮等大牲畜的皮革晒干后再浸泡在水中，3～5天后从水中捞出，趁湿把皮子上的毛刮净，放入硝水中浸泡一周左右取出趁湿鞣作，也就是用浮石搓揉，用木棍搓压，直到把皮革弄干定型。用这种皮革根据所需尺寸裁剪成鞍韂，然后涂上牲畜的骨头油即可使用。

到了近代，制作鞍韂的工艺有了长足的发展，出现了最抢手的香牛皮鞍韂。香牛皮是用特殊的原料配方泡制压纹的皮革，上麻油、桐油等植物油后，皮革光亮、平滑、柔软，裁制出来的韂子美观大方。在马鞍上韂子所占面积最大，好的韂子在衬托鞍子的美观、档次方面有着举足轻重的作用。韂子有方韂、圆韂、条韂等多种式样，又可根据边饰分为单边韂、双边韂。图案有草龙花纹、五福捧寿图案、瓶子纹等，还有在鞍韂下的两个角上贴吉祥图案的等等。有些香牛皮韂的边上钉泡钉，以加大韂子的重量，防止马在急驰时因韂子飘逸而受惊，同时也是一种装饰。内蒙古地区多伦县因盛产香牛皮韂子而远近闻名。除了皮韂，还有绣飞禽、走兽、花木、吉祥纹等图案的栽绒毯鞍韂。鞍韂一般长70～80厘米，宽40～60厘米。

七、镫磨

镫磨是压在镫带上，防止马镫皮条磨损骑者衣物的器具，亦称“小韂”。与鞍韂一样，用皮革、香牛皮、栽绒毯子制作出对称的两块镫磨，用皮条连在鞍子的梁头上、鞍垫下。镫磨的形状一般为椭圆形，上面有花草图案、蝙蝠图案等各类图案。更多的镫磨上镶银、铜、景泰蓝等金属泡钉。值得一提的是，蒙古族鞍马用具的名称基本相同，但对“镫磨”的命名上存在地域之别，有《》[xabčiγ]、《》[unǰiγuraγ_a]、《》[degeli]、《》[debxeγer]、《》[baγ—a gölim]、《》[olongčoγ]等名称。

八、梢绳

梢绳（蒙古语《ᠭᠠᠨᠵᠤᠭ᠎ᠠ》[γanǰurγ_a]），是把优质柔软的牛皮做成圆形皮条，从两侧鞍翅前后专用的穿孔中穿出使之整齐下垂。其用途是：1. 用于固定马鞍上驮载的物品以便于驮载。2. 把梢绳的头用银或铜装饰，使梢绳美观，对鞍子具有装饰作用。3. 左前鞍梢绳可用于系拴马鞭、马嚼子，右后鞍梢绳可用于系拴马绊、笼头、备用绳索等，后边两侧鞍梢绳可用来系压驮在马背上的褡裢、口袋等用具。4. 驯马时，头一次鞴鞍子的生格子马都要连续数次尥蹶子，这时骑手紧紧抓住梢绳，能够提高在马背上的稳定性。马鞍梢绳的长度基本与鞍鞽相同或长出鞍鞽两指头。四组鞍梢绳的总数少则 8 根（每组 2 根），多则 32 根（每组 8 根）。

九、压钉

压钉（蒙古语《ᠪᠠᠭᠠᠪᠤᠷ》[baγabur]），位于鞍翅前后用于穿马鞍梢绳和攀胸、后鞧孔的饰件。压钉的材料与鞍轿边、鞍花一致，上面有穿梢绳和攀胸、后鞧的孔以及各种纹饰图案。

十、攀胸和后鞧

攀胸（蒙古语《ᠬᠥᠮᠦᠯᠳᠦᠷᠭᠡ》[xömöldörge]）、后鞧（蒙古语《ᠬᠤᠳᠠᠷᠭ᠎ᠠ》[xudarγ_a]），为了防止马鞍前后移动，从鞍翅的前部围绕马胸用带子固定，这种带子叫攀胸。攀胸用较宽的皮条、香牛皮制作，还可以佩挂小铃铛。从鞍翅的后部围绕马臀后的带子叫后鞧。后鞧也用较宽的皮条、香牛皮制作。攀胸、后鞧常常用银、铜、景泰蓝等与鞍轿边、鞍花相同的金属饰件加以装饰。需要说明的是，高档的马鞍才配攀胸、后鞧，一般的马鞍则不配攀胸、后鞧，主要靠前后肚带、扯肚控制鞍子前后移动。

十一、铃铛

铃铛亦称串铃（蒙古语《ᠬᠣᠩᠬ᠎ᠠ》[xongx_a]），是装饰马的一种配件。在用皮条制作的脖套上拴若干个小铜铃挂在马的脖子上，坠在马的胸前。随着骏马优美的走姿，铃铛会发出有节奏的响声，使人和马都感到欢快。同不是所有的马鞍都配攀胸、后鞧一样，铃铛之类的装饰用具，也是只配饰高档马鞍，显示其高贵豪华。

十二、马具的保养

马鞍的很多辅助用具和配套用具是用皮革制作的，日晒雨淋对皮革制品有很大的损害。为了保护皮革，经常涂抹一些油脂进行揉搓，“灌以羊脂，故受雨而不断烂”。

一　马镫

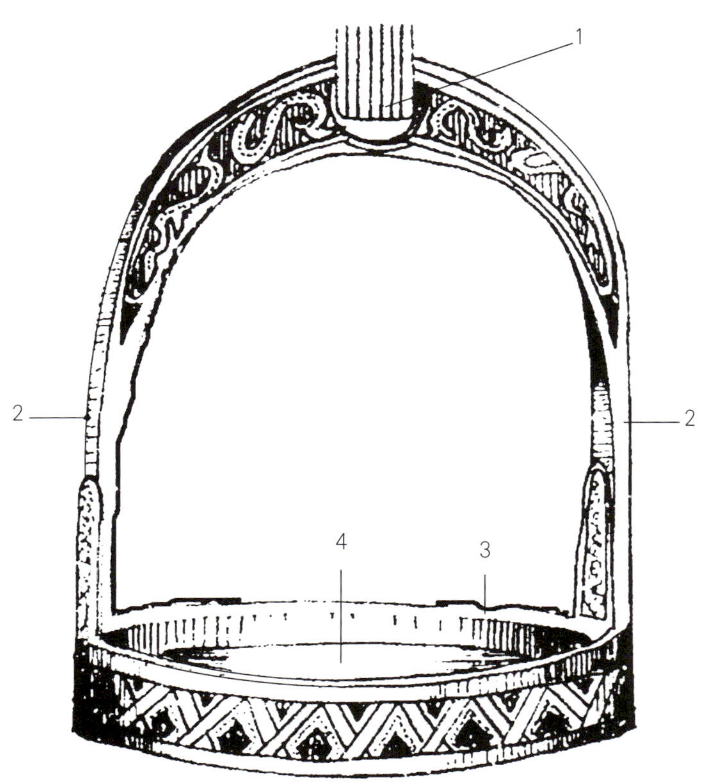

马镫示意图：
1.镫孔
2.镫边
3.镫梁
4.镫盘

木芯包铜鎏金马镫

北燕
复原尺寸高23厘米　宽16.8厘米
1965年辽宁省北票县西官营子冯素弗墓出土
辽宁省博物馆藏

裹金铁马蹬

唐
高21.7厘米
北京市丰台林家坟唐墓出土
首都博物馆藏

半桃形铸铁马镫

元
铁
内蒙古博物馆藏

嵌丝龙首吉祥纹铁马镫

明
高16.5厘米
首都博物馆藏

马镫顶上饰有一对相背龙首，两侧镂空吉祥图案，制作仔细考究。

镂空银马镫

清
银
内蒙古自治区呼和浩特市私人收藏品

龙首镂空铁马镫

清

铁

原件藏于内蒙古博物馆

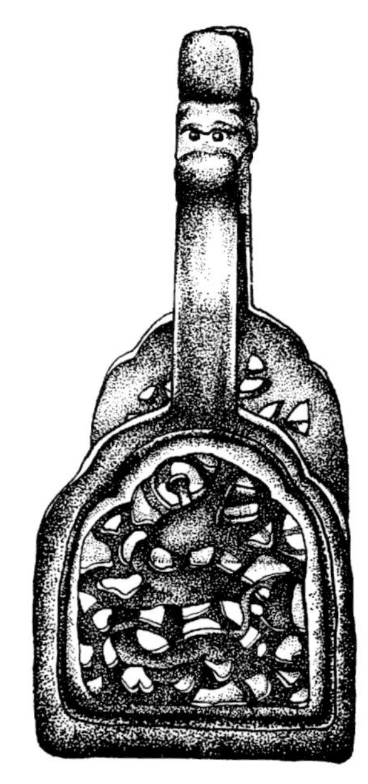

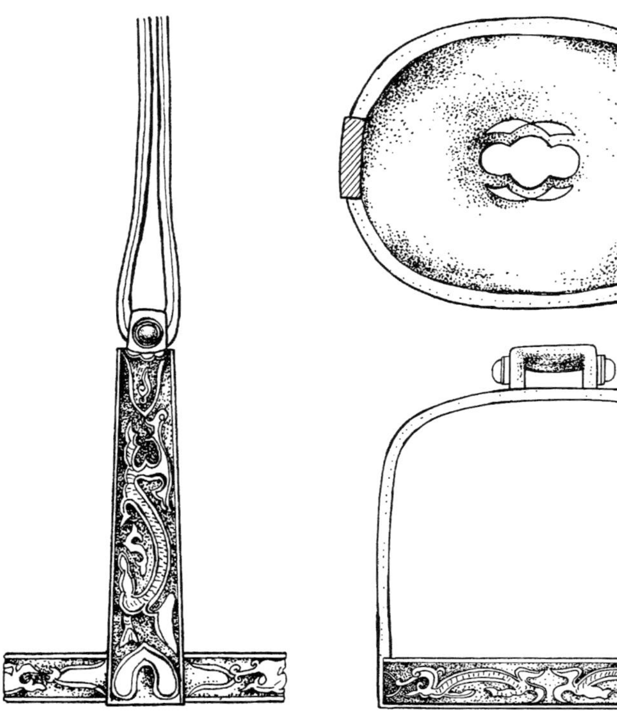

龙纹银马镫

清

银

原件藏于蒙古国乌布苏省地方学研究室

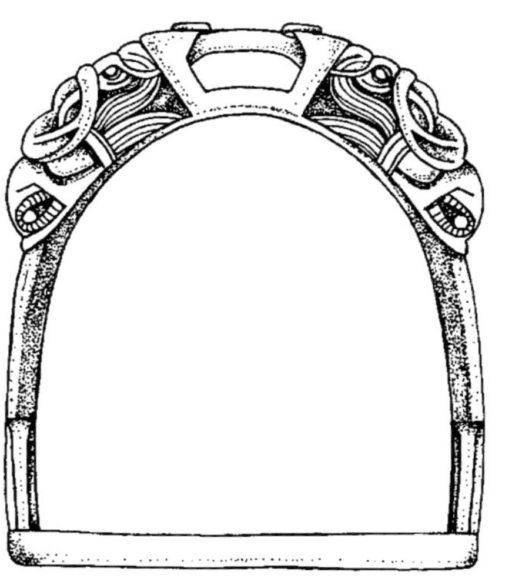

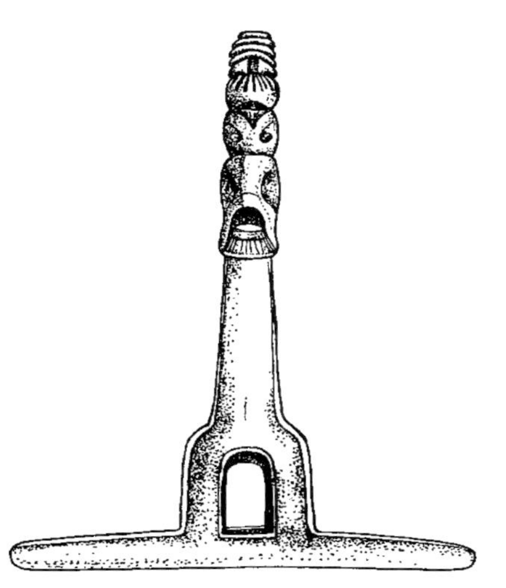

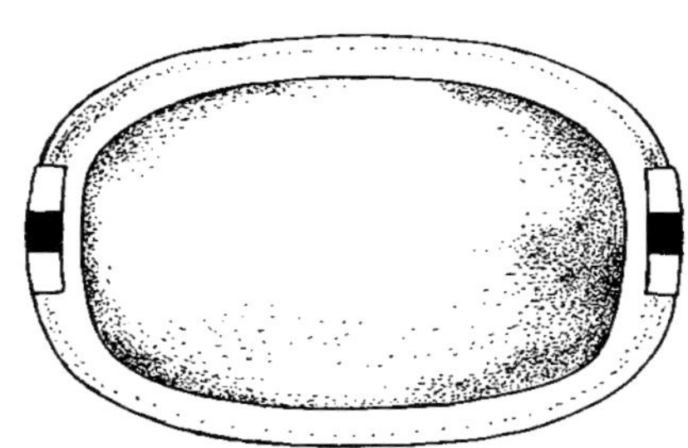

鳄鱼纹铁马镫

原件藏于蒙古国科布多省曼汗县地方学研究室

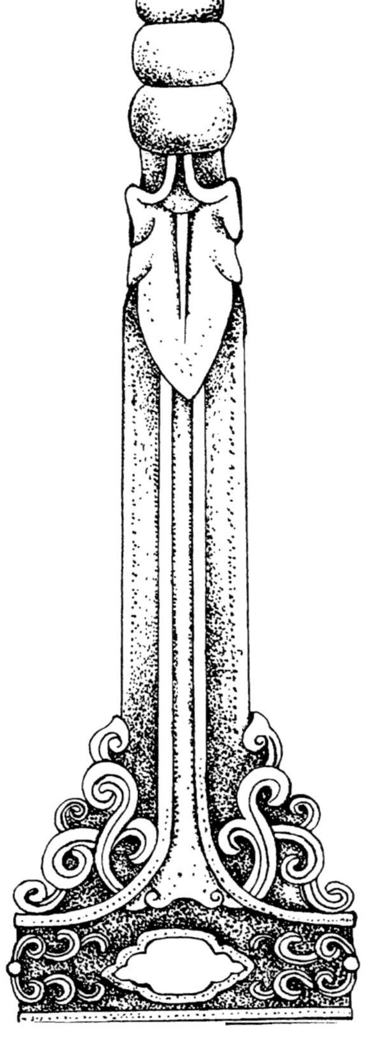

镂空铁马镫

原件藏于蒙古国科布多省科布多苏木地方学研究室

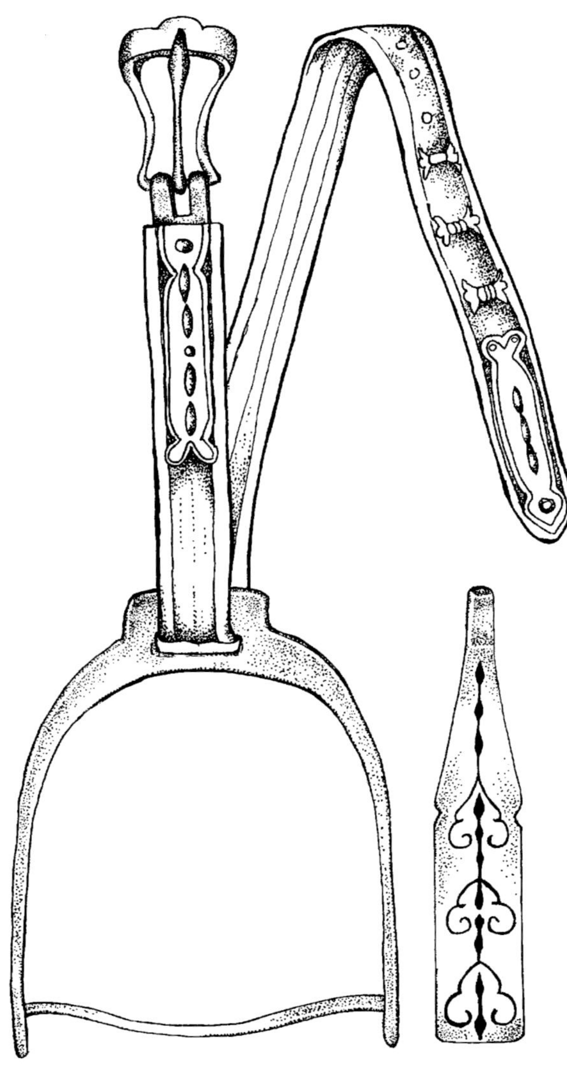

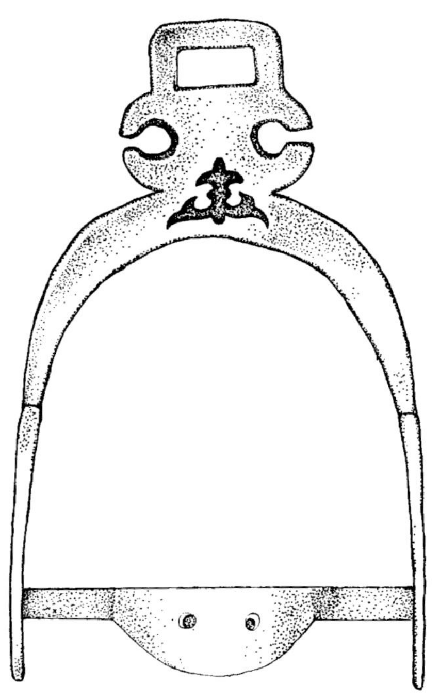

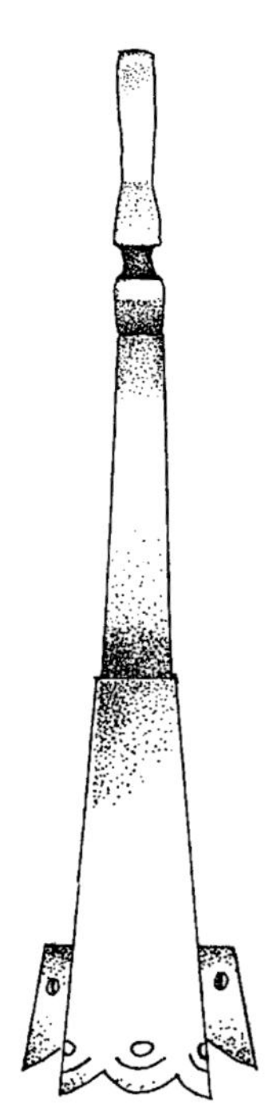

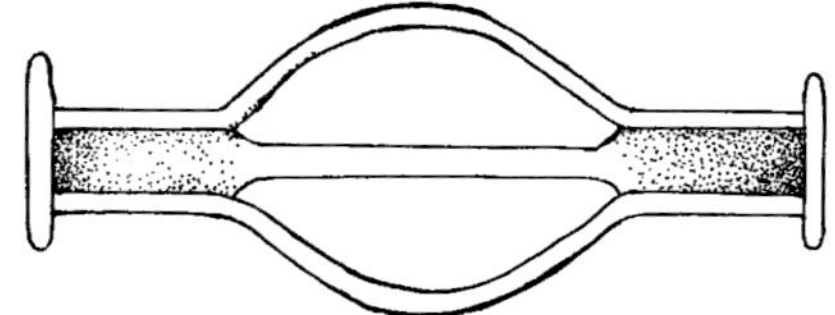

哈萨克马镫

原件藏于蒙古国巴彦乌列盖省陶勒包县

景泰蓝马镫

清
铜、景泰蓝
原件藏于蒙古国科布多省科布多县地方学研究室

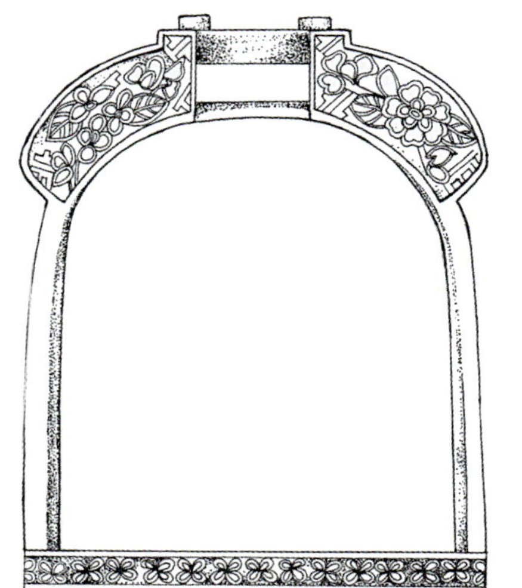

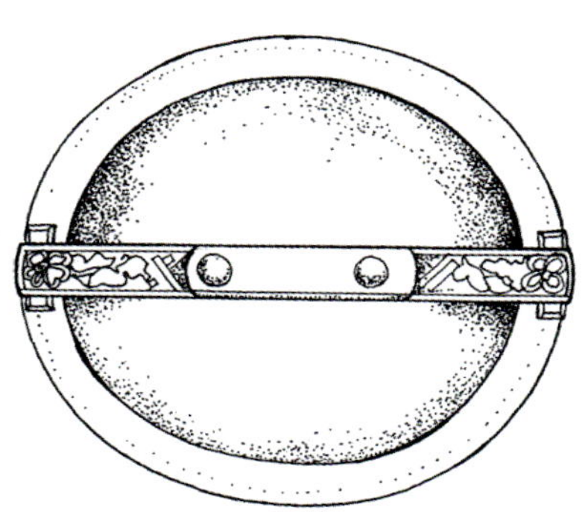

龙头福寿纹鎏金铜马镫

清
铜、金
内蒙古自治区呼和浩特市王殿和藏

龙头镂空铁马镫

清初
铁
内蒙古自治区呼和浩特市白九斤藏

马镫上的龙头一般都朝外，这副马镫上的龙头则朝内。

鳄鱼纹铁马镫

内蒙古博物馆藏

错银福寿纹铁马镫

清

铁

通高 14.1 厘米　宽 12 厘米

内蒙古大学民族博物馆藏

龙首纹铁马镫

清

铁

通高 17.8 厘米　宽 13.4 厘米

内蒙古大学民族博物馆藏

简易铁马镫

清

铁

通高 15.8 厘米　宽 14.2 厘米

内蒙古大学民族博物馆藏

龙纹鎏金铁马镫

近代

铁、金

内蒙古自治区呼和浩特市巴音巴特尔藏

二 肚带、扯肚

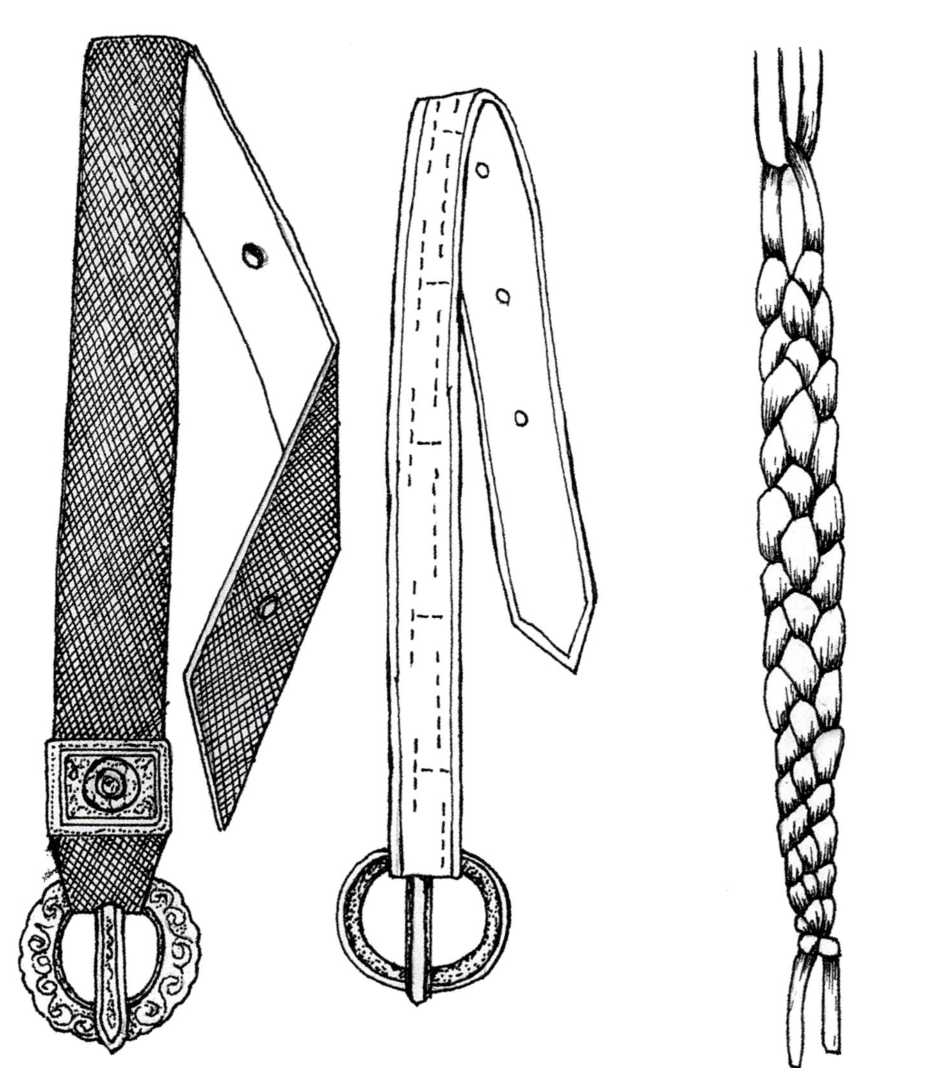

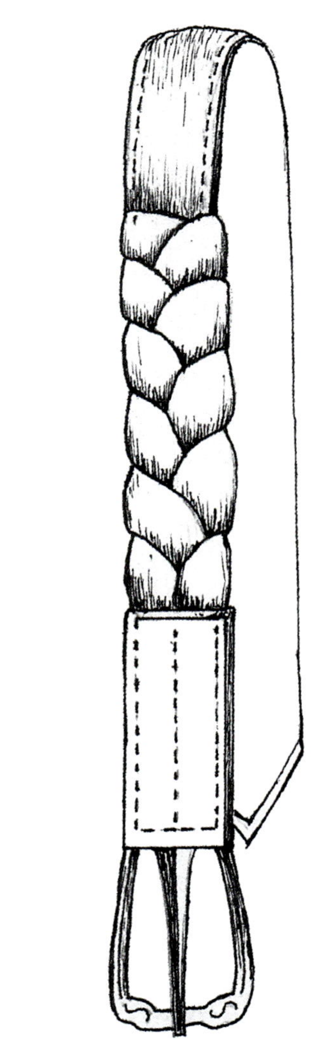

肚带、扯肚

三　鞍屉

羊毛毡子鞍屉

近代
羊毛
长96.5厘米　宽53.5厘米
内蒙古大学民族博物馆藏

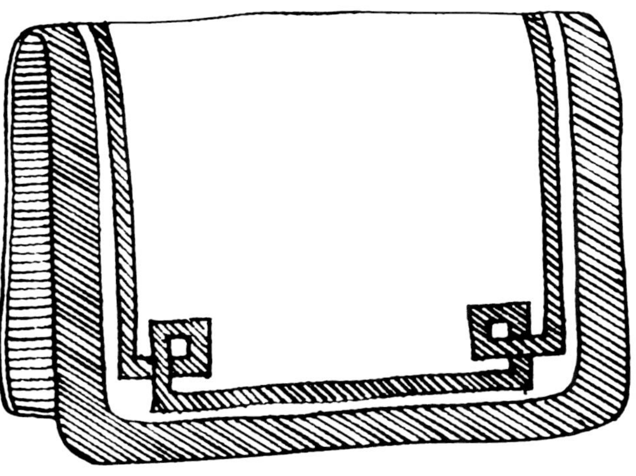

用粗面布料包裹修饰的几种鞍屉

四　鞍垫

鞍垫

近代
布
长48厘米　宽34厘米
原件藏于内蒙古大学民族博物馆

绣蝴蝶纹布制鞍垫

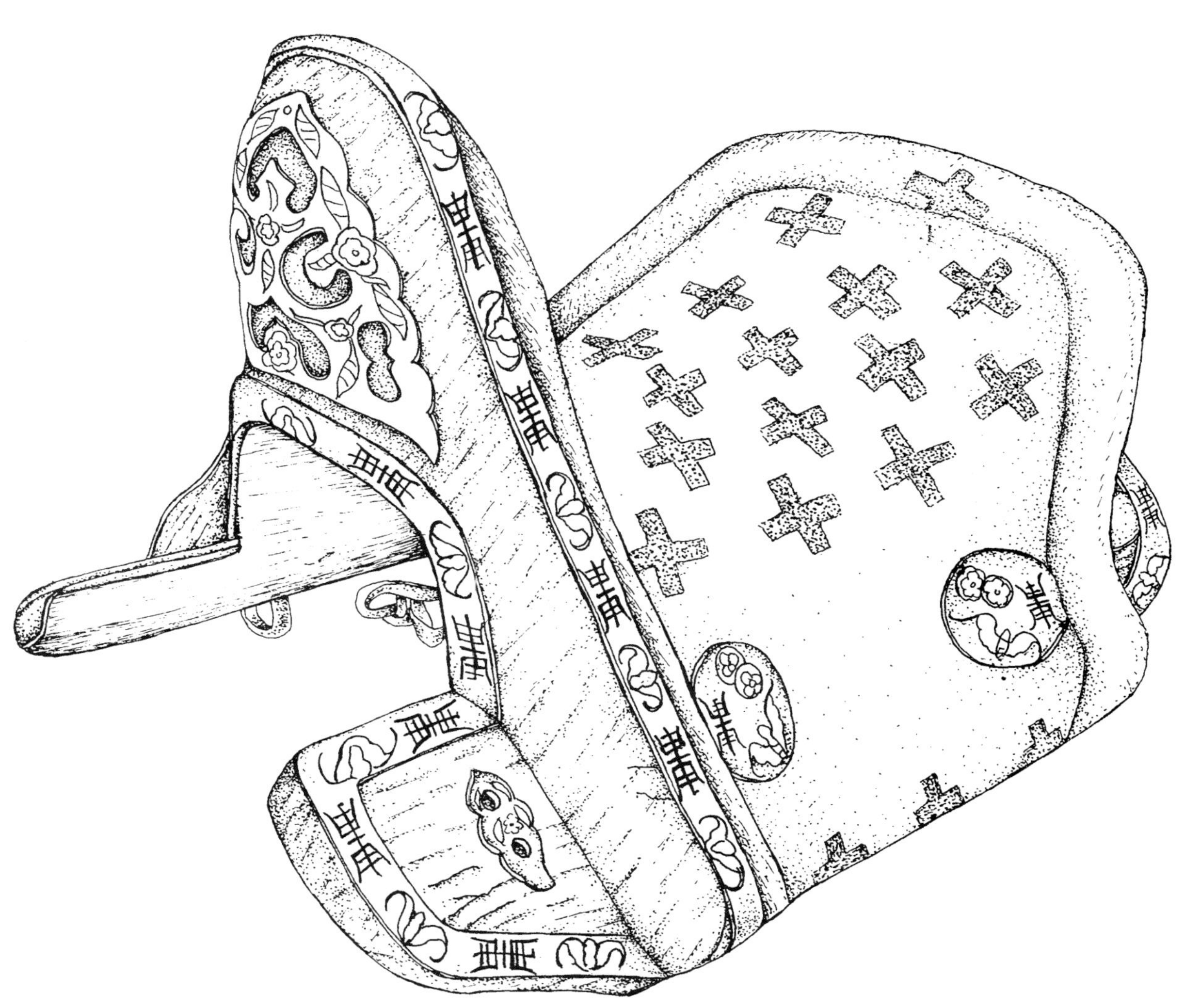

栽绒鞍垫

清

栽绒

长42厘米　宽27.5厘米

原件藏于内蒙古大学民族博物馆

五 鞍花

银鞍花一组

内蒙古大学民族博物馆藏

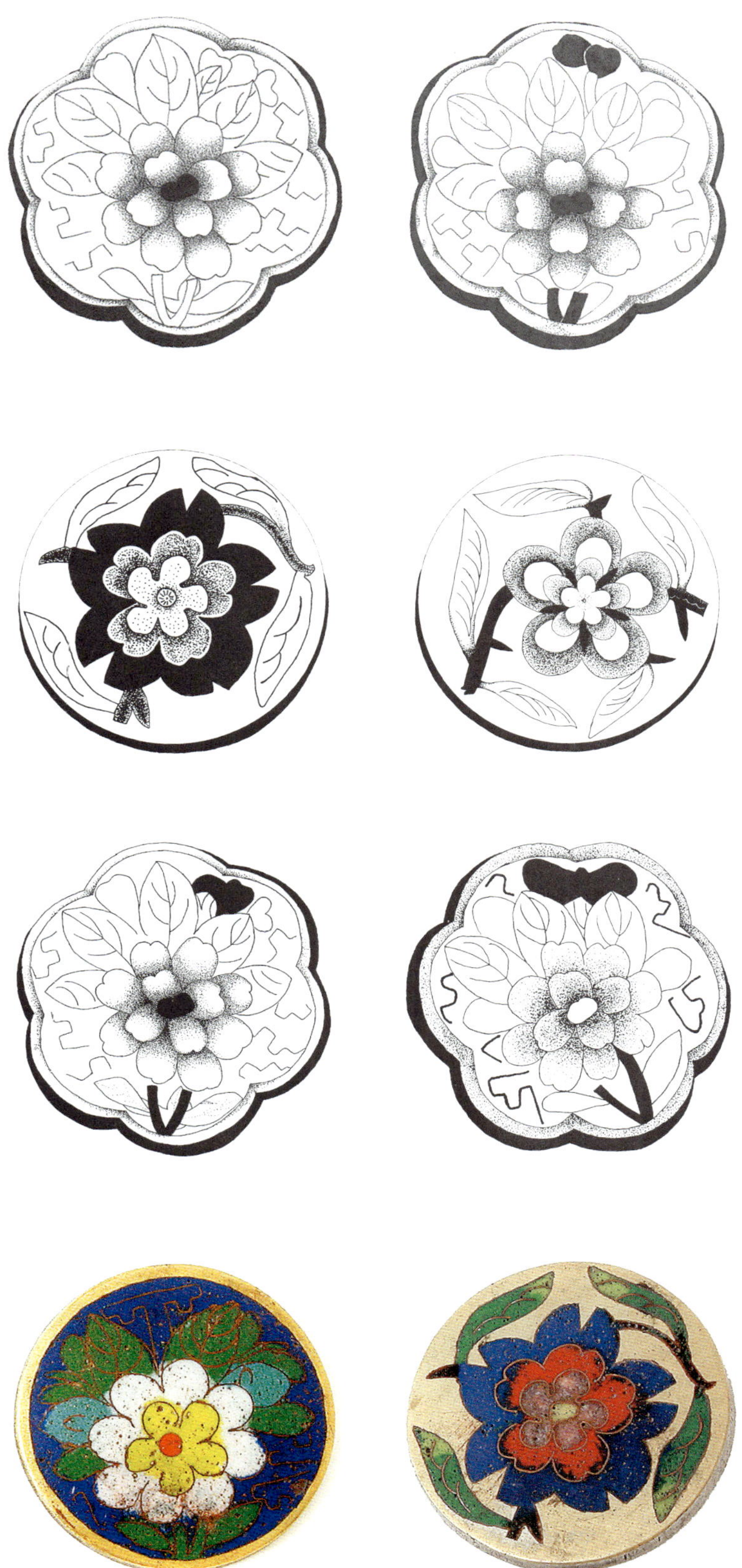

景泰蓝鞍花一组

内蒙古大学民族博物馆藏

错银铁鞍花

内蒙古大学民族博物馆藏

鞍花的形状及纹样

六　鞍韂

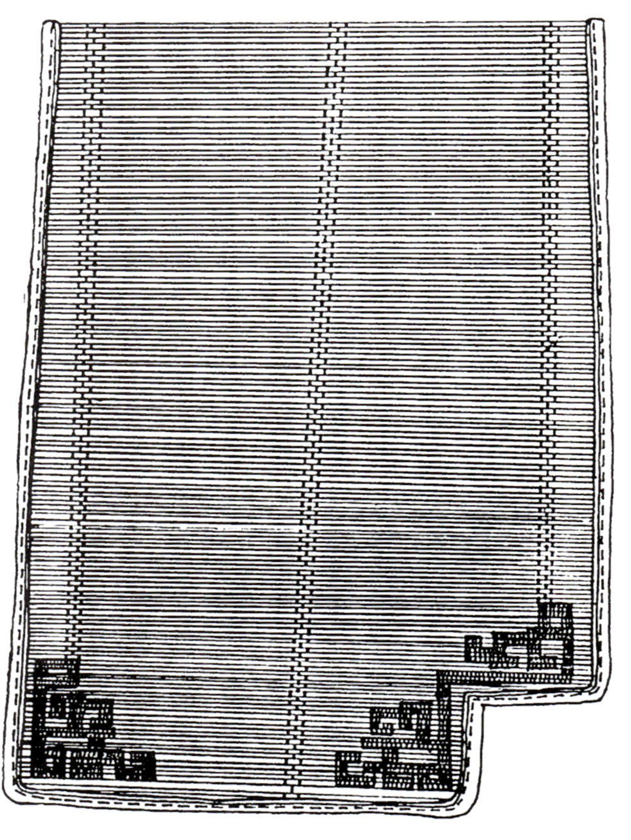

芨芨草鞍韂

香牛皮压花鞍韂

素面皮鞍韂

鞍韂的形状及纹样

七　镫磨

香牛皮压花镫磨

白铜泡钉香牛皮镫磨

压花牛皮镫磨

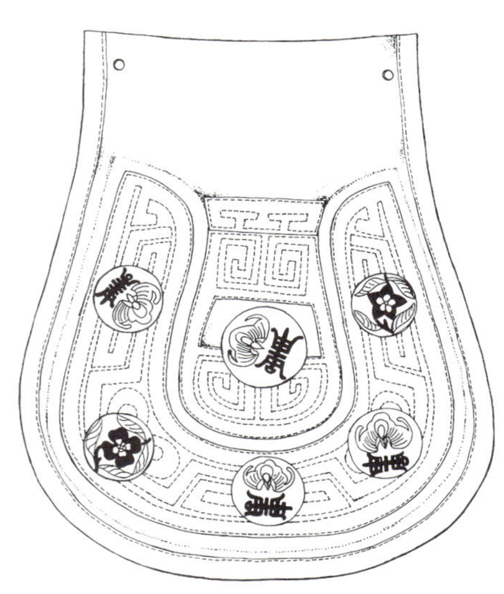

镶景泰蓝泡钉镫磨

清
景泰蓝、皮
宽 19.5 厘米　高 24 厘米
原件藏于内蒙古大学民族博物馆

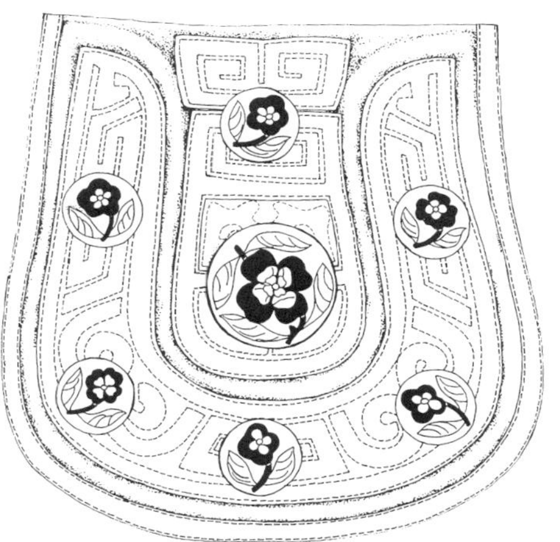

镫磨的形状及纹样

八　梢绳

每组八根梢绳

每组四根梢绳

每组两根梢绳

编皮缨穗

近代
皮
长45厘米
内蒙古大学民族博物馆藏

安装在鞍子两侧的装饰物

黄羊角柄刀子

近代
羊角、铁
通长19.5厘米
内蒙古大学民族博物馆藏

刀子、解结器两用

山羊角梢绳打磨器

近代
羊角
通长30.5厘米
内蒙古大学民族博物馆藏

把均匀裁割的皮条涂抹上动物油，穿入打磨器的孔中反复揉搓，使梢绳变软。

九　压钉

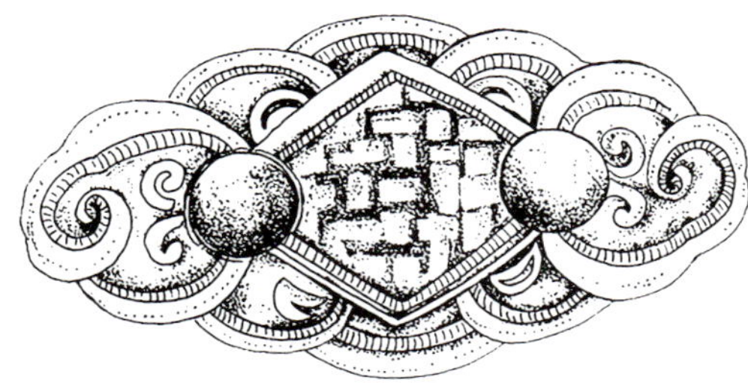

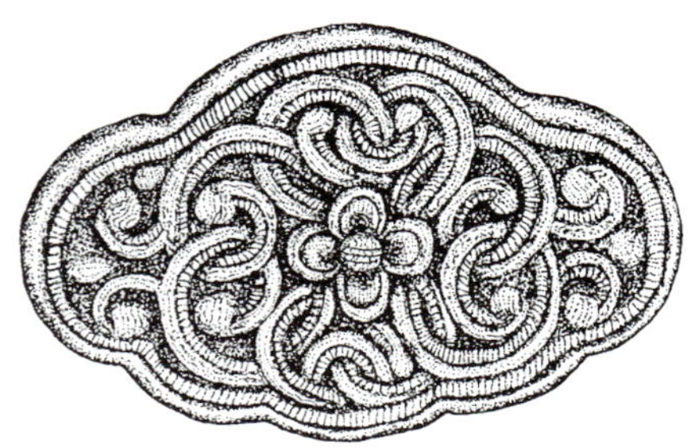

压钉的形状及纹样

十　攀胸和后鞧

攀胸

攀胸

后鞧

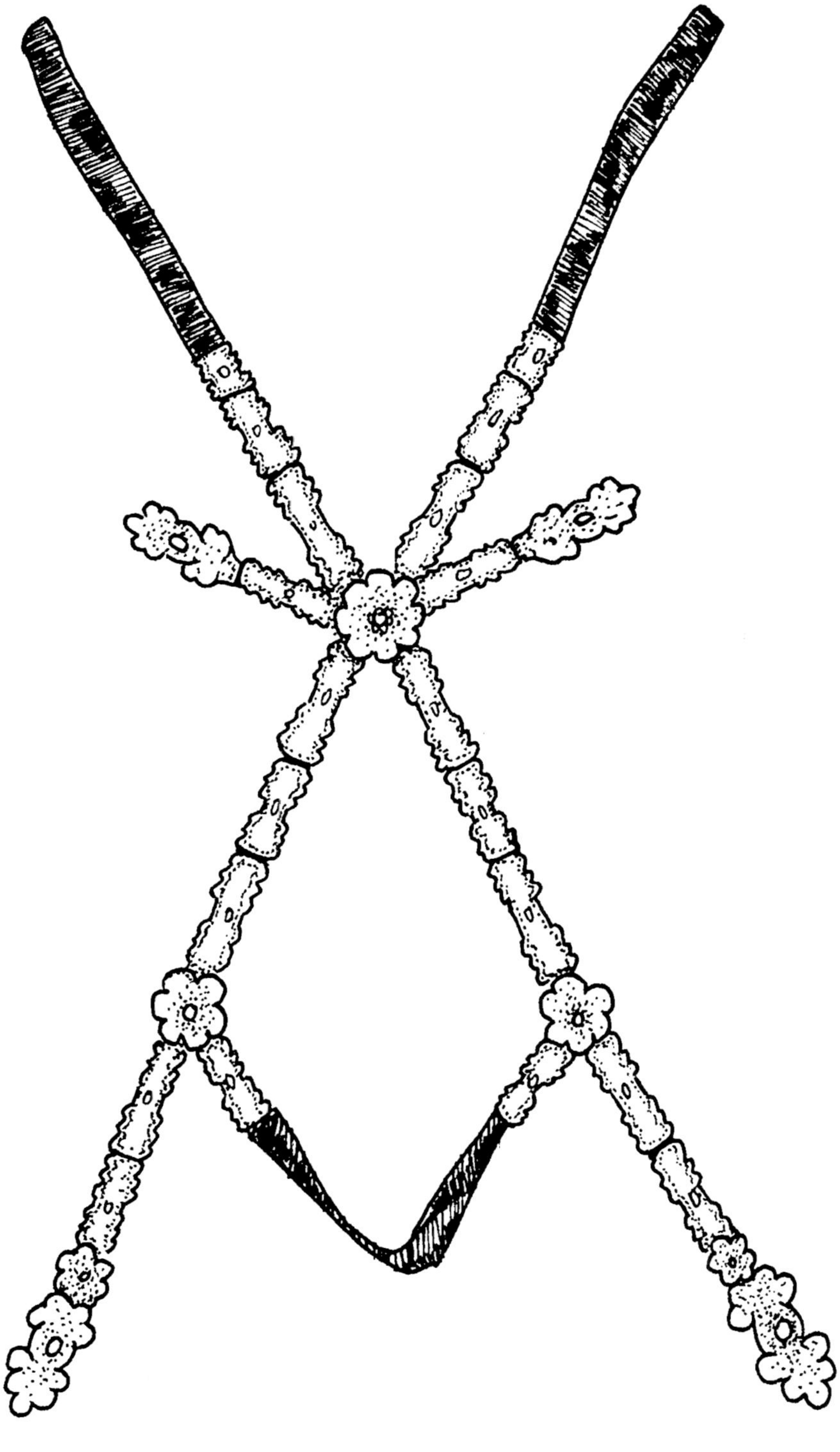

后鞧

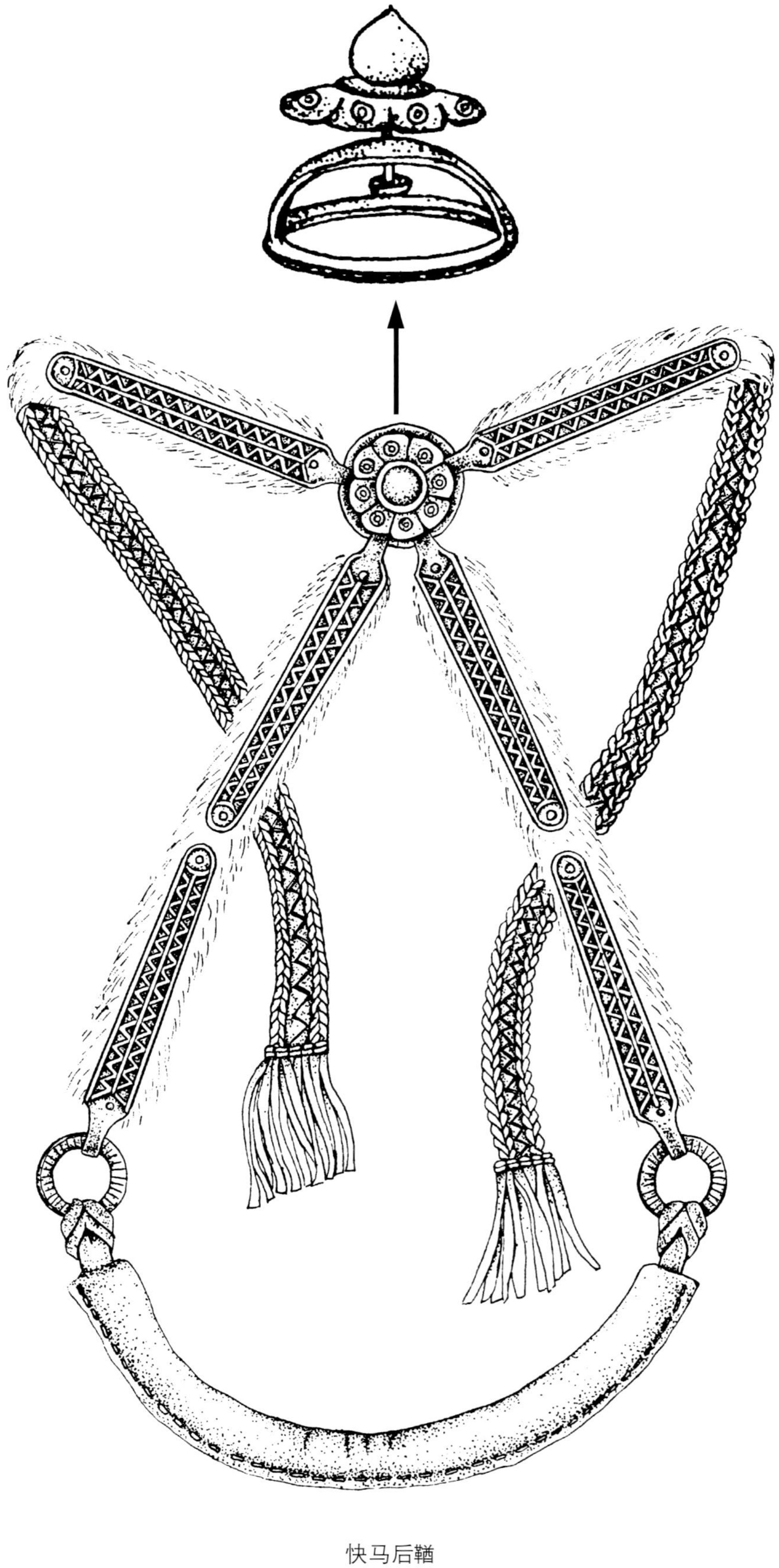

快马后鞧

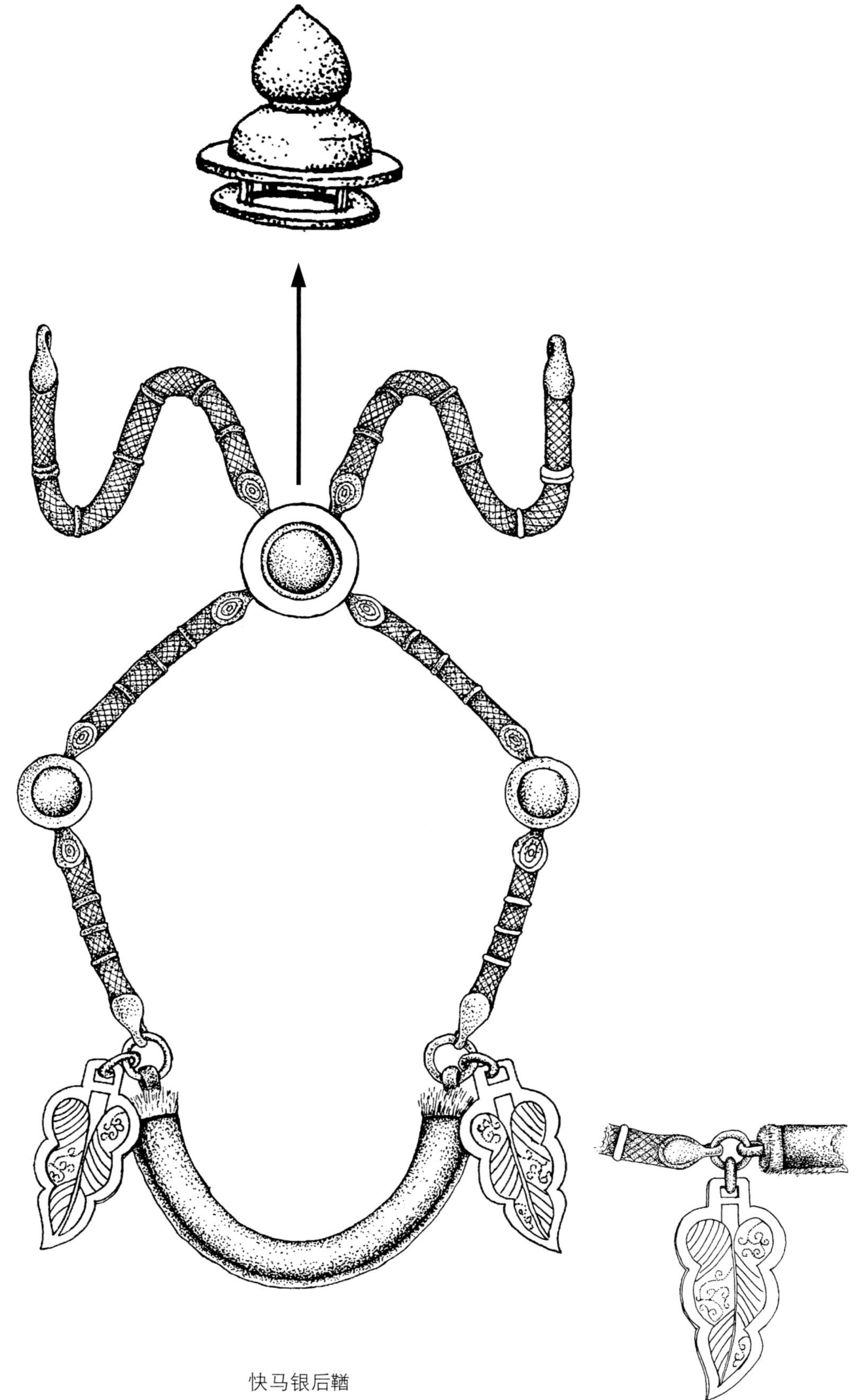

快马银后鞧

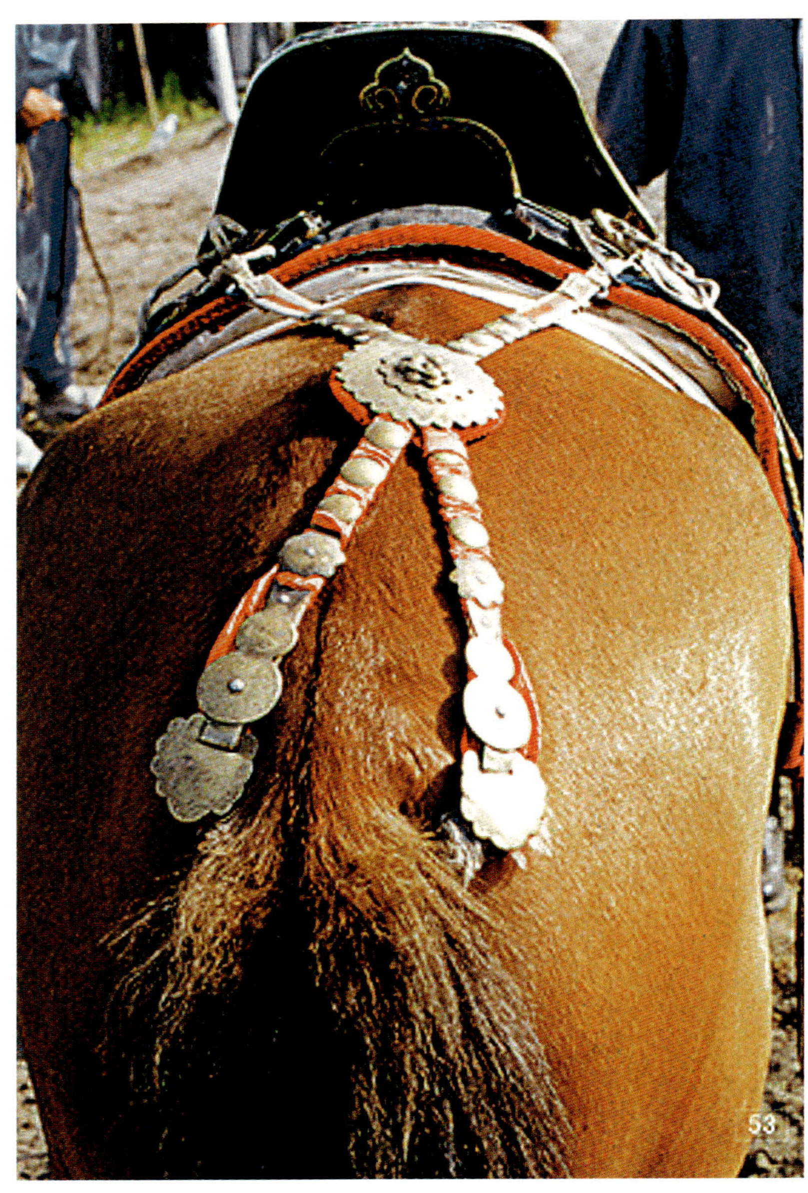

走马铜后鞧

走马皮后鞧

十一　铃铛

铜铃铛

内蒙古自治区呼和浩特市张浙藏

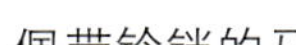

佩带铃铛的马

叁 配套用具

驯马、骑马除了马鞍和马镫等辅助器具外，还需要驾驭马的笼头、嚼子、绊子以及套马杆、马鞭等配套器具。

一、马笼头、马嚼子

马笼头（蒙古语《ᠨᠣᠭᠲᠣ》[noγto]），是驾驭马的首要用具。笼头是用对折成条的牛皮结系而成，戴在马头上，用偏缰控制马匹使其不能随意跑掉。马笼头的构成包括套脖条、勒鼻条、连条、扣绳、偏缰等。马笼头的“偏缰”（蒙古语《ᠴᠤᠯᠪᠤᠭᠤᠷ》[čulbuγur]），主要用于拴马、牵马。马笼头有活笼头和死笼头之分：活笼头的下部连条是活接头，可紧可松，马越挣扎笼头口越紧，主要用于驯服那些烈性马；而死笼头则不然，偏缰直接系在围马嘴的笼头勒鼻条下。

马嚼子（蒙古语《ᠬᠠᠵᠠᠭᠠᠷ》[xaǰaγar]），是驾驭马匹的必要用具。其形状和构成类似于马笼头，由嚼子头、勒鼻条、嚼子环、马衔、缰绳等组成。马嚼子的“缰绳”（蒙古语《ᠵᠢᠯᠣᠭᠣ》[ǰiloγo]）是用优质皮条对折或用4～6根细皮条编制而成，连接在马嚼子的左右嚼环上，缰绳长度从嚼环到前鞍桥。蒙古人像装饰鞍子一样精心装饰马嚼子。镶嵌银泡钉、银箍的叫“银马嚼子”，有的镶嵌铜、景泰蓝等，装饰材料基本与装饰鞍桥边的材料相同。用马嚼子能够驾驭、控制马是因用衔在马嘴里的“马衔”（蒙古语《ᠠᠮᠠᠭᠠᠢ》[amaγai] 是由中间相连的《ᠰᠡᠭᠦᠵᠢ》[següǰi]、《ᠴᠥᠮᠥ》[čömö] 两根弯形铁条组成）勒马的嘴，迫使马听从指挥。马衔与嚼环（蒙古语《ᠵᠤᠤᠵᠠᠢ》[juuǰai]）连接，通过系在嚼环上的缰绳作用于马嘴，骑乘者用缰绳控制马的奔跑速度和前进方向。马衔，是马嚼子的主要部件，据专家研究，马衔的演变经过了皮马衔→木马衔→骨马衔→角马衔→青铜马衔→铁马衔等阶段。

二、马鞭、马棒

马鞭（蒙古语《ᠲᠠᠰᠢᠭᠤᠷ》[tasiγur]、《ᠮᠢᠯᠠᠭ᠎ᠠ》[milaγ_a]），大多用牛皮精心编制而成，柄上穿皮绳便于套在手腕上。蒙古人骑马都带马鞭，但除了对尚未驯好的马偶尔不听主人的命令时抽打教训外，平时只是轻打或摆出抽打姿势，虚晃而已。蒙古人让驯好的马加速快跑，一般不“加鞭”，而是把上身前倾、放松缰绳并连续磕动马镫等，用一系列肢体动作来实现。

马棒（蒙古语《ᠲᠡᠩᠰᠡ》[tengse]），用藤木或竹子制作而成，其中藤木马棒更受人们的青睐。马棒的长度约90厘米，直径约3厘米，棒头用皮子包裹或皮绳缠绕。马棒上端打眼穿细皮绳，便于套在手腕上防止脱落。蒙古人虽然乘马带马棒，但不完全为了抽打所乘的马匹，主要是为了防身。因为藤木的密度大、柔韧性强，很适合用作防身武器。由于用生长在南方热带的藤木制作的马棒在北方草原上非常稀少，粗细适中、制作精美的藤木马棒，备受人们的喜爱，一般是用马匹交换来的。

三、马绊子

马绊子，用来羁绊马腿，防止坐骑在草场上吃草时走远或跑掉，马绊是用质量上乘的牛皮条以拧劲打结等工艺编制而成。马绊有“三腿绊”“顺腿绊”和“前腿绊”三种，根据马的不同性格分别使用：

三腿绊（蒙古语《ᠴᠢᠳᠦᠷ》[čidör]），由马绊套、马绊扣鼻、马绊后叉、马绊前叉、绊子干索、绊套别棍等组成。三腿绊用于羁绊马的两条前腿和一条后腿。对烈性的马可使用“倒绊”，即把三腿绊倒过来绊马的一条前腿和两条后腿，以此增加对马的羁绊力度。

双腿绊（蒙古语《ᠥᠷᠦᠭᠡᠯ》[örögel]），用于羁绊马的一侧两条腿，亦称顺腿绊。

前腿绊（蒙古语《ᠲᠤᠱᠠ》[tuša]），用于绊马的两条前腿。

四、马汗刮子、护腰、马挠子、马刷子、蝇甩、马褡子

马汗刮子（蒙古语《ᠮᠣᠷᠢᠨ ᠬᠤᠰᠤᠭᠤᠷ》[morin xusuɣur]），刮马汗用具。马因跑远路或急驰而出汗，当卸下鞍子时鞍屉下有很多汗水，如果不及时刮掉，马会受凉乃至生病。特别是冬季，主人更应及时用马汗刮子刮去马身上的汗水。马汗刮子一般用竹板或木板制作，也有用骨角或象牙、宝石等高档材料制成的。其形状像一把带柄的双刃剑，两侧的“刃”应磨平磨圆，防止刮伤马的皮肤。马汗刮子上面刻有各类图案及纹饰。

护腰（蒙古语《ᠨᠡᠮᠨᠡᠭᠡ》[nemnege]），用毡子等保暖材料制作，冬天盖在马的腰部，防止马受风。

马挠子（蒙古语《ᠮᠣᠷᠢᠨ ᠰᠠᠮ》[morin sam]），刮去马身上的毛渍灰尘的用具。类似于梳子，在带齿的铁板或木板上安装手柄而成。春、夏季节北方草原上经常刮大风，马身上粘很多灰尘杂物，这时也是马褪毛季节，所以马的主人经常用马挠子刮去马身上褪下的旧毛和尘土，保证马身的洁净靓丽。

马刷子（蒙古语《ᠮᠣᠷᠢᠨ ᠱᠤᠸᠠᠰᠠ》[morin šuwasa]），用马鬃制作，类似带柄的鞋刷，专门用于洗刷清洁马身。

蝇甩（蒙古语《ᠢᠯᠠᠭᠠᠨ ᠭᠦᠪᠢᠭᠦᠷ》[ilaɣan_gübigür]），在木柄的一头打眼穿套手腕的绳子；在另一头固定一簇马尾，把马尾的根部缠绕编制出鱼鳞纹、锯齿纹等花纹，用于夏天轰赶苍蝇、蚊子。也有把牛尾直接当作简易蝇甩使用的。

马褡子，亦称捎马子、褡裢（蒙古语《ᠱᠤᠤᠮᠠᠰᠠ》[šuumasa]、《ᠳᠠᠯᠢᠶᠠᠷ》[daliyar]），出远门时盛装零散物品的口袋，有用鹿、狍、羊的去毛鞣革缝制而成的，也有用羊毛、驼毛编织成的。马褡子是连在一起的口袋，中间连接部分较窄，是为了搭在马鞍上或挎在骑乘者的肩上方便。

五、马印

马印（蒙古语《ᠲᠠᠮᠠᠭ᠎ᠠ》[tamaγ_a]），印身为铁制，装有木柄。以民间几何图形、自然景物、动植物、生产生活用品及简易文字为印纹。把马印在火中烧红烙在马的臀部上，与其他印一样，可起到识别的作用，不同的马群烙有不同的印，以印纹识别马群。草原上的牧民互相知晓各家马印的图案，一旦发现走失的马群来到自己的草场，会及时通知失主。一岁小马驹跟随母马形影不离，用母马来辨认。到了第二年春天，已经两岁的马该独立了，需要打马印。所以清明节后打马鬃时给那些两岁的马一并打上印。打马印时，印把子上系哈达，第一个印由主人亲自打或邀请邻里中有威望、爱惜牲畜的长者来打。在与马相伴的蒙古人心目中，马印是神圣的。马印用完后装入毡袋子里挂在蒙古包哈那头上或用哈达包裹夹在蒙古包椽子上。需要说明的是，打马印时如果把马印烧得过烫、力量过大会把马烫伤；如果太轻，马印会随着马的褪毛、长大而变淡乃至消失。所以，打马印必须掌握好温度和力度。印是烙在马身上的终身记号，关系到马的外貌，因此打马印必须打正，不能歪斜，更不许马印的图案上下颠倒。给最后一匹马打印时，还要说一句“打上印的马群覆盖整个草原，做了记的马群星星一样繁衍”的祝词来结束。

六、套马杆、套马索

套马杆（蒙古语《ᠤᠷᠭ᠎ᠠ》[urγ_a]），套马用具。从马群中抓骑乘的马匹时需要用套马杆、套马索等专用套马工具。套马杆由主杆和套索两个部分组成。杆身选用韧性较强的桦木条等，把细梢杆、中杆、尾段三节用绑绳捆绑连接而成。主杆长度550～560厘米，套索系在主杆前端，套索长度约170厘米。

套马索（蒙古语《ᠴᠠᠯᠮ᠎ᠠ》[čalm_a]、《ᠪᠣᠭᠣᠢᠯᠢ》[boγoili]），功能与套马杆相同。在10～15米长绳索（多用马鬃绳）的一头结出小环，用皮条缠绕做成套子。套马者把套马索的另一头握在手中，把套马索盘成团，抛出去套马。在内蒙古的阿拉善以及新疆、青海等地多用套马索。

七、杆子马与套马技术

杆子马（蒙古语《ᠤᠷᠭᠠᠨ ᠮᠣᠷᠢ》[urγan mori]），是指经过牧马人的严格挑选和特殊训练，在套马时骑乘的专用马（杆子马大多选用骒马）。“杆子”指的是“套马杆”。牧马人虽然拥有套马杆、套马索等工具，但从奔跑在天然牧场上的马群里徒步抓马，即使优秀的驯马手也无能为力。杆子马与主人的配合非常默契。平时杆子马在主人住处附近吃草，不随意远离（有时主人也把杆子马绊住）。套马时，主人骑上杆子马，将手中的套马杆伸向马群里的哪一匹马，杆子马就在其后紧追不舍。当主人把所要抓的马套住的一瞬间，杆子马立即停止前进，四腿前伸，身子后坐。套马者同时也把身子移到马鞍后，坐在马屁股上，双腿蹬住马镫向前伸，用人和马的默契配合来控制被套马的奔跑速度。当被套的马停止奔跑时，主人从杆子马上迅速跳下，用套马杆勒紧马的脖子加以制服，并且迅速给马带上笼头。如果说套马、驯马能够展示牧人的智慧和勇敢，那么，杆子马是牧人发挥套马、驯马本领的得力助手。

八、撑杆上马与拖杆行进

牧马人无论放马、套马都要骑马并且必须带套马杆。那么，在大草原上只身一人一手拿着长长的套马杆上马时必须采用“撑杆上马”的方式。也就是说，拿套马杆上马时左手拿缰绳从前鞍鞒上拽，左脚蹬马镫，让马绕身子往左侧转，这时右手撑套马杆，手脚同时用力，顺着马绕身的劲迅速上马。路程较远时可“拖杆行进”，即把套马杆上的套索结上活扣，套在右胳膊上，拖着套马杆走。

九、拴马桩

拴马桩（蒙古语《ᠤᠶᠠᠭ᠎ᠠ》[uyaγ_a]、《ᠱᠣᠩ》[šong]），立在门前专门用于拴马的桩子。拴马桩有单马桩、双马桩和横卧式马桩等。1．单马桩。单马桩是把一根木桩（木桩最好选用人手所及高度有杈、能卡住缰绳不往下滑落）的下段牢固埋在土里拴马。如果有条件，可以用长条石头制作马桩。在石马桩的拴马高度处凿出四个孔，在马桩顶端雕刻龙虎图案进行修饰。带有四个拴马孔的石马桩上同时可以拴4～5匹马而不相互缠绕。在单马桩上拴马时把缰绳绕马桩拴在马的脖子上，这样更有效防止马绕桩走动而缰绳缠绕在马桩上。2．双马桩。双马桩是为了同时拴多匹马，把适当距离的两根马桩用皮绳连接，在连接两根桩子的皮绳上拴马。为预防两根桩子向内倾倒，两根桩子的外侧各接一根拉线，拉线的另一头用木头橛子钉在地上进行加固。3．横卧式马桩。横卧式马桩是把较粗的原木桩子横放在地上拴马。在这种马桩上拴马，缰绳容易缠绕马腿而少用。马桩一般都立在房子的南或西南一定距离的位置上。除了在专用拴马桩上拴马外，人们还经常在勒勒车上拴马。马匹多，拴马的地方少时，用缰绳从已经拴上的马脖子上相连。在野外没有任何拴马设备而需要临时拴马时，就把马嚼子的缰绳往后挂在鞍鞒上，如果同时把马腿绊住则更安全。蒙古人把这种拴马方法叫《ᠵᠢᠯᠣᠭᠣ ᠬᠠᠨᠲᠠᠷᠠᠨ᠎ᠠ》[jiloγo xantaran_a]，意为“收缰”。

十、元代驿站和急递铺

元代疆域十分辽阔，为了加强各地之间政治、经济、文化联系，元朝大力发展交通运输业，建立了四通八达的驿道、驿站体系。驿站（蒙古语《ᠵᠠᠮ》[jam]）的设置开始于成吉思汗时期，此后规模不断扩大。忽必烈建元后，逐步建立起以大都为中心的四通八达的驿站网，从而形成规模庞大、称雄一时的元代邮驿，沟通了中央和地方及地方间的联系。驿传站点星罗棋布，朝令夕至。元代驿站除了迎送使臣、提供食宿与交通工具外，平时也兼运送贡品、行李等少量货物，战时还承担军需给养的运输任务。资料显示，在元代，全国各类驿站有1500多处。各驿所备马，多者四百匹，少二百匹，全国约有马不下三十万匹。在驿站服役的驿户由民间签发而来，每个驿站都有若干驿户，他们负责管理驿站的交通工具。

与驿站相辅而行的还有“急递铺”，专门负责朝廷和官府紧急文书的传送，急递铺是元代的官方邮递系统。每10里或15里、25里设一铺。急递铺只递送公文，一般不送物件，传递速度规定为一昼夜400里，急件500里。铺兵腰系铜铃，持枪挟雨衣，夜则持火炬，赍文书疾行。铺兵持急递铺发给的令牌，急递铺方可提供驿马、饮食等。执行急递任务时，铺铺换马，数铺换人，风雨无阻，昼夜兼程。铺兵行到路狭的地方，就用力振铃，让路上车马行人让开。急递铺人员远远听到铃声，立即派驿丁备马路口等候，铺兵到达后立即换乘马，驰奔下一个急递铺。在古代，马是最快的交通工具，在马的接力疾驰下递送公文，应该是当时的“特快传递”了。急递铺与驿站相辅而行，在大一统国家的管理方面，共同发挥着重要作用。

十一、清代乘马牌

乘马牌（蒙古语《ᠤᠯᠠᠭ᠎ᠠ ᠤᠨᠤᠬᠤ ᠲᠡᠮᠳᠡᠭ》[ulaγ_a unuxu temdeg]），是清朝在蒙古地区建立盟旗制度后的产物。清朝在蒙古地区建立了许多“旗”和“盟”，每旗设札萨克（旗长）等官员管辖，数旗合为一盟，设盟长和副盟长。盟长派出差役执行公务时发给专用的“乘马牌”，在该盟长管辖范围内持“乘马牌”的人所到之处都提供马匹供差役骑乘，违者将受到处罚。

一　马笼头、马嚼子

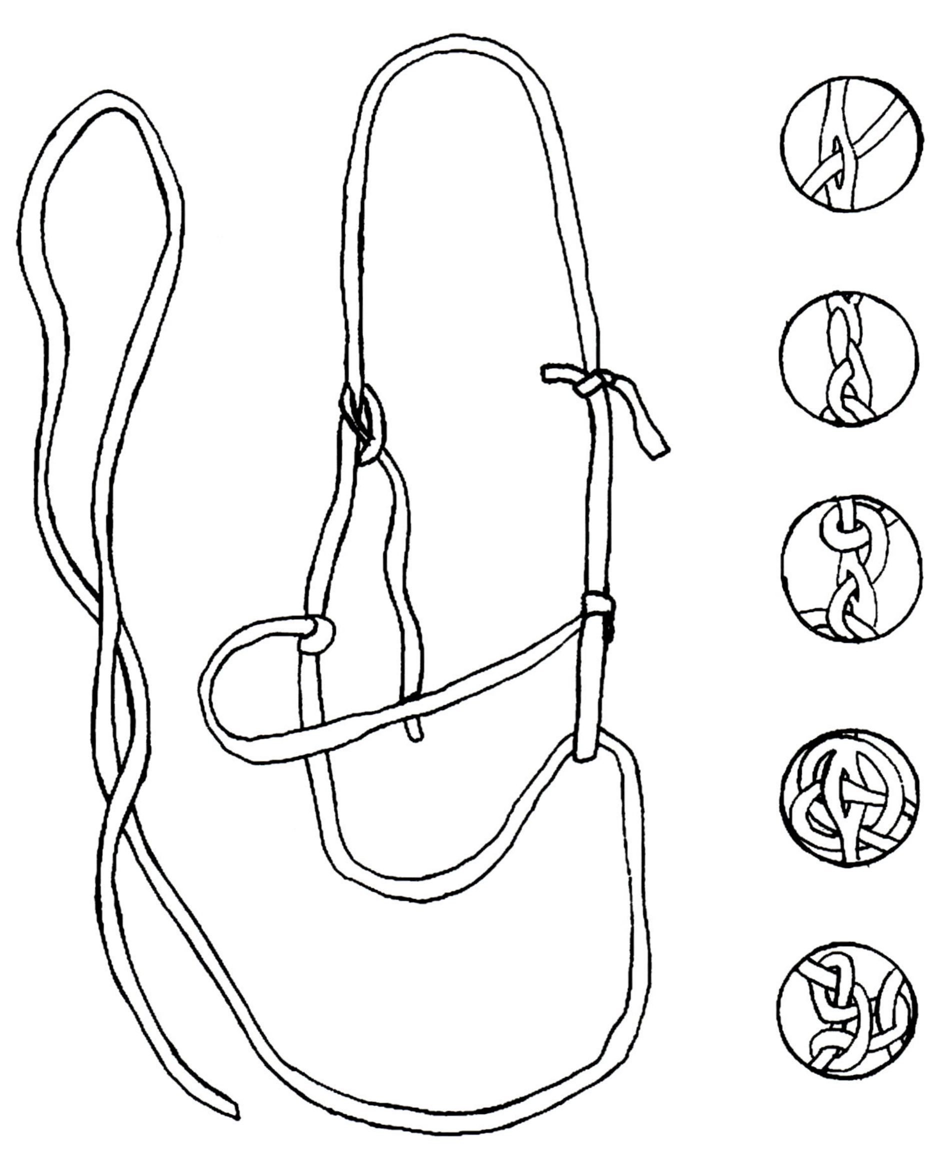

马笼头和笼头扣

皮马笼头

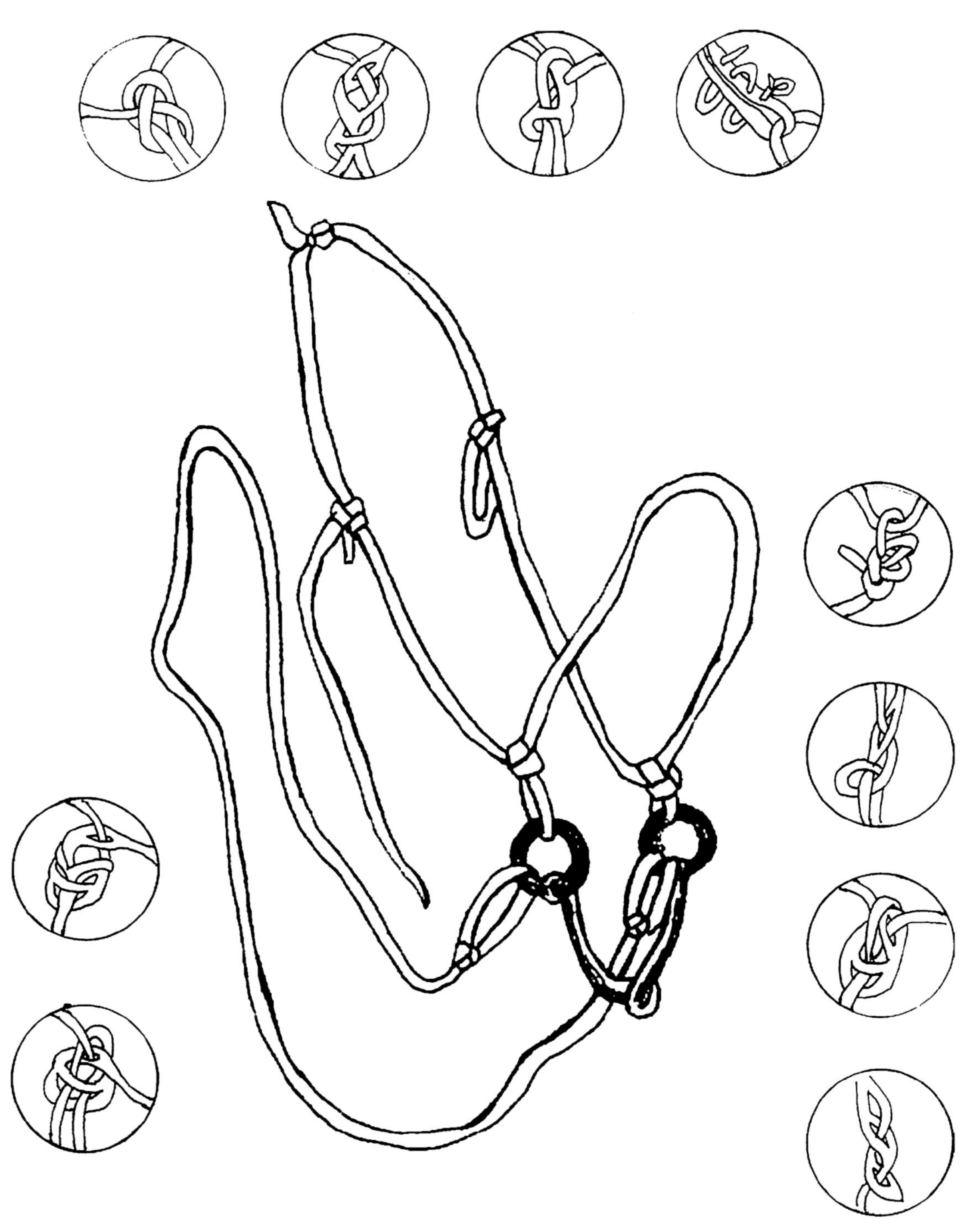

马嚼子和嚼子扣

编皮马嚼子

现代
铁、皮
通长305厘米
内蒙古大学民族博物馆藏

青铜马衔

明博草原文化博物馆藏

铁马衔

现代
铁
宽20厘米
内蒙古大学民族博物馆藏

罗纹铁马衔

现代
铁
宽21厘米
内蒙古自治区呼和浩特市张浙藏

罗纹马衔主要用于驯化那些“嘴硬”的烈性马

铜马衔

内蒙古自治区呼和浩特市张浙藏

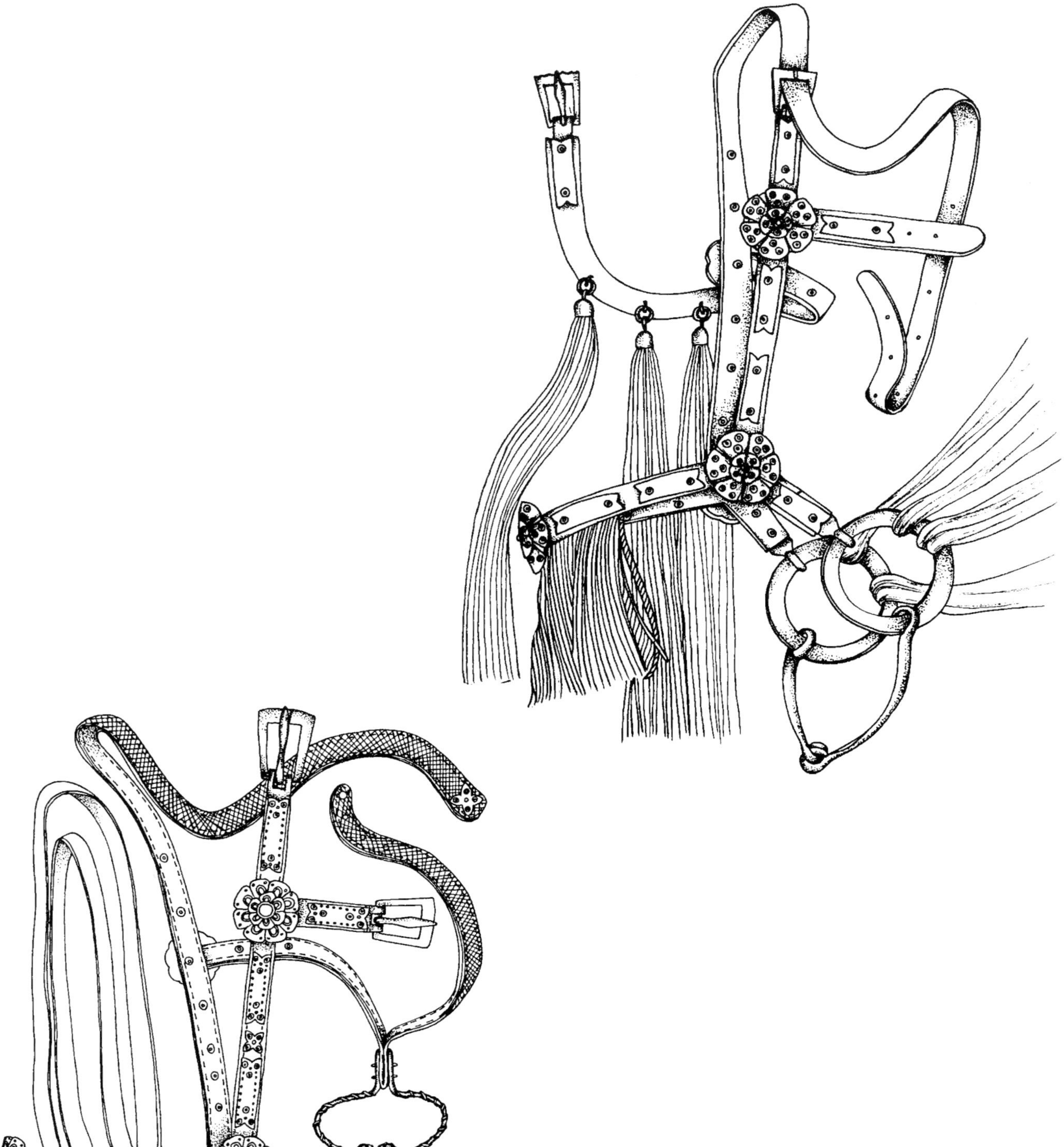

札哈沁（蒙古族部之一）银马嚼子

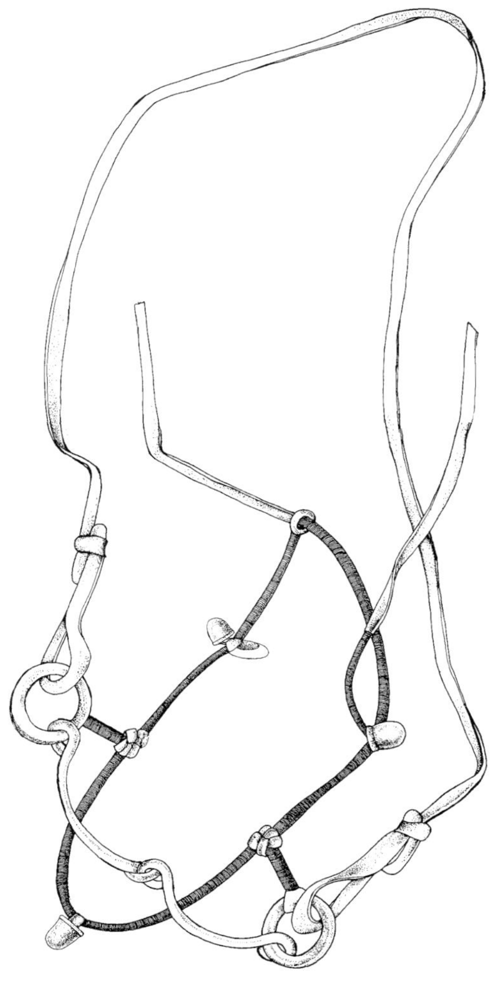

银马嚼子

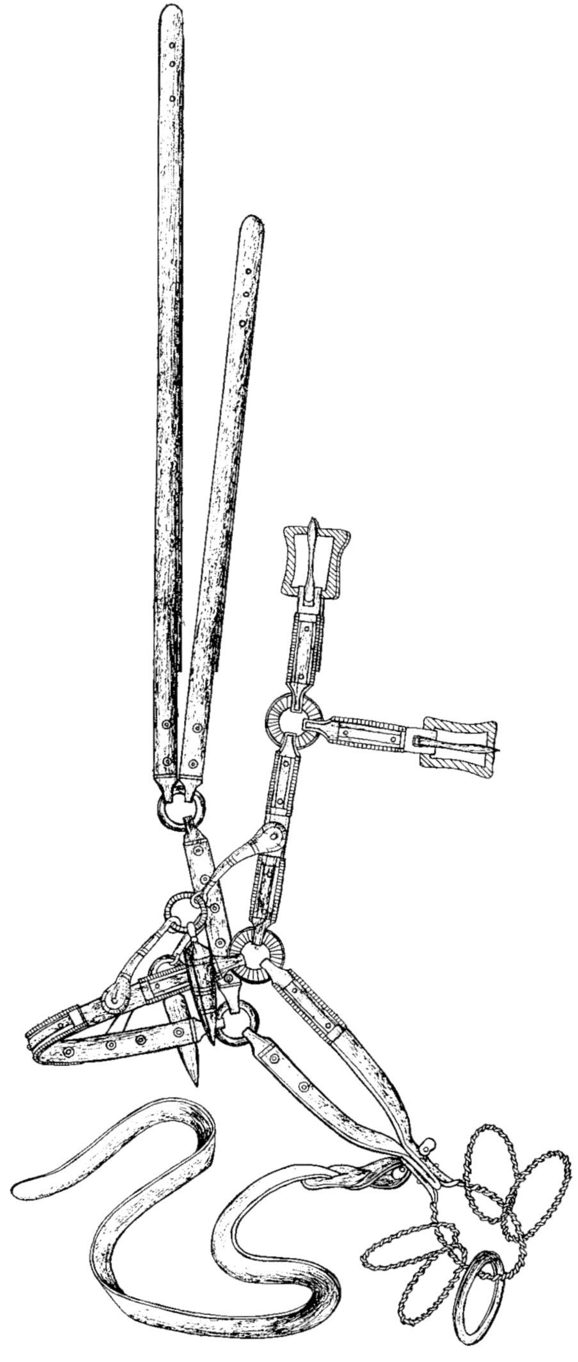

带串环的马笼头（笼头、嚼子上安装的串环不断发出喳喳的声，让马习惯于这些声音，避免马受惊）

镶银泡钉马嚼子

现代

银、皮

长52厘米　宽29厘米

内蒙古大学民族博物馆藏

局部

银马嚼子

现代
银、皮
长 47 厘米　宽 35 厘米
内蒙古大学民族博物馆藏

局部

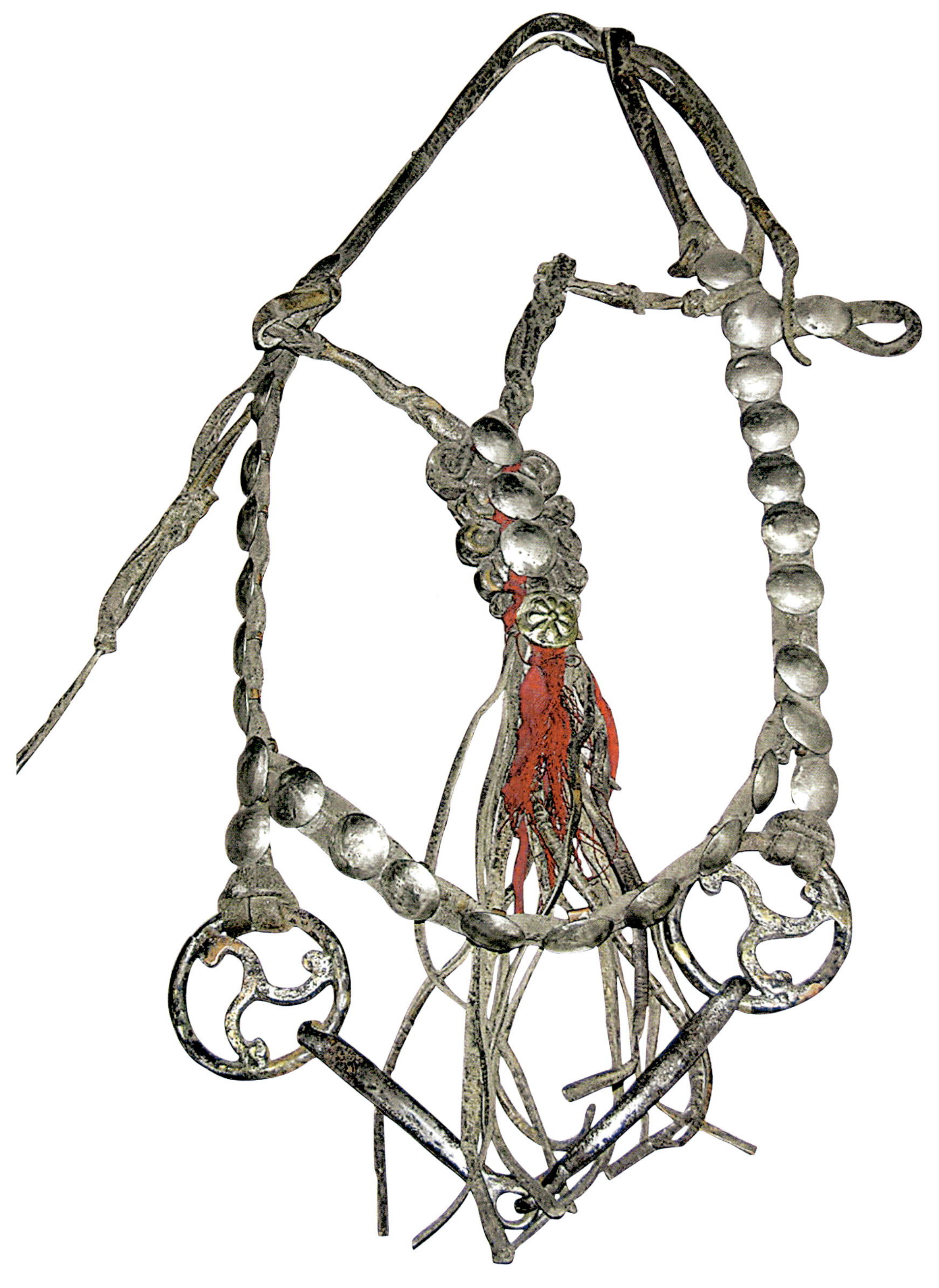

镜面马嚼子

内蒙古自治区呼和浩特市张浙藏

此马嚼子是嚼子、笼头两用马嚼子。嚼子右侧缰绳下端有两个铁环相连，两个铁环连接在一起时当做嚼子来使用，拴马时把缰绳的一头从下边的环拉过去，连接嚼环的一部分皮条成为龙头的连条，长的部分则成为笼头的偏缰。

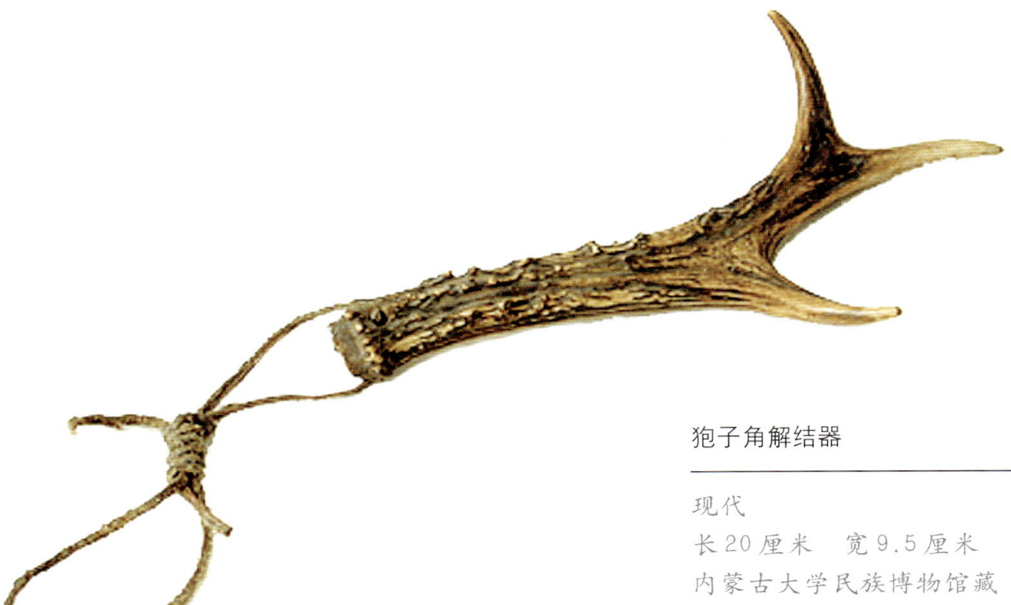

狍子角解结器

现代
长 20 厘米　宽 9.5 厘米
内蒙古大学民族博物馆藏

解结器是制作马笼头、马绊子等皮活时必备的用具

裁皮刀（用于裁制皮革）

现代
铁
长 20 厘米　宽 16 厘米
内蒙古大学民族博物馆藏

1

2

牵马姑娘

给马带嚼子

二　马鞭、马棒

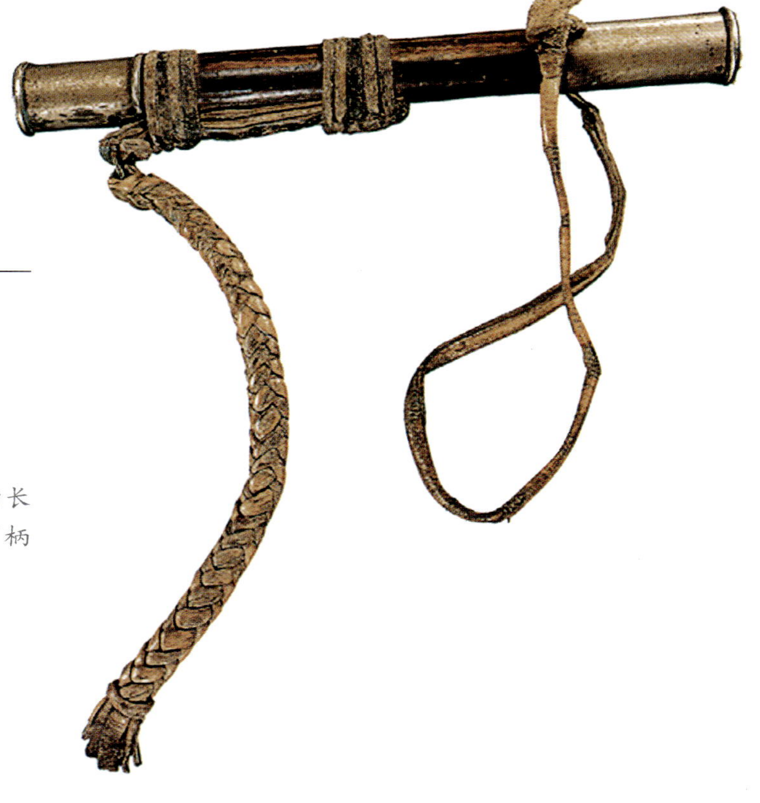

木柄银箍皮马鞭

清
木、皮、银
长62.5厘米
内蒙古博物馆藏

檀木圆棒，两端镶银箍，前端有九股皮条合编的长34厘米的皮鞭。既为驭马工具，亦可反握皮鞭用柄部击打小猎物。

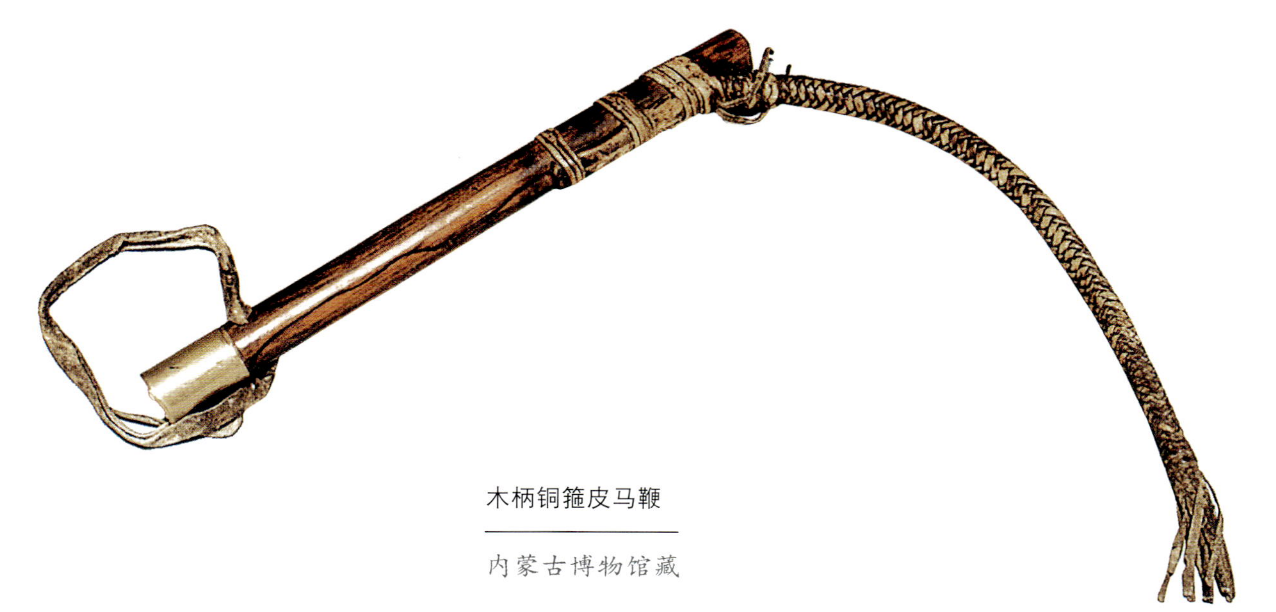

木柄铜箍皮马鞭

内蒙古博物馆藏

木柄编皮马鞭

现代
木、皮
通长90厘米
内蒙古大学民族博物馆藏

木柄带缨穗皮马鞭

现代
皮、木
通长82.5厘米
内蒙古大学民族博物馆藏

编皮马鞭

现代

皮

通长66厘米

内蒙古大学民族博物馆藏

方形编皮马鞭

现代
皮
长47厘米
内蒙古大学民族博物馆藏

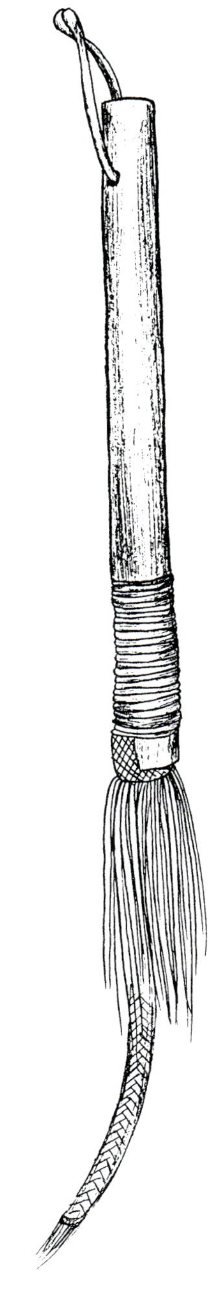

长柄马鞭

伞式马鞭

现代
皮
长 73 厘米
原件征集于内蒙古自治区呼和浩特市

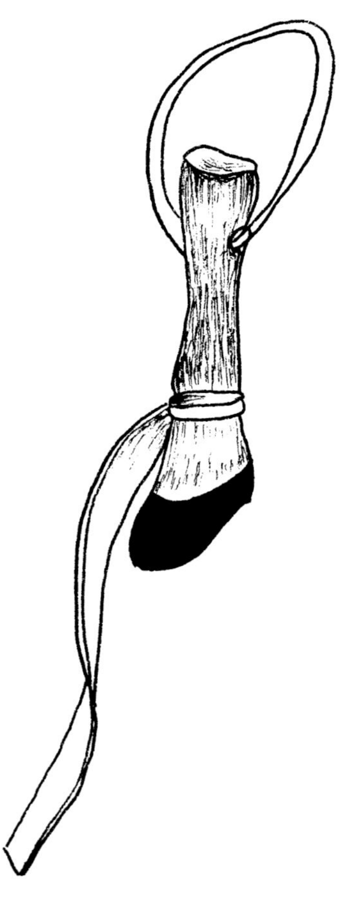

羊腿柄马鞭

现代
羊骨、皮
长 40 厘米
原件征集于内蒙古自治区呼和浩特市

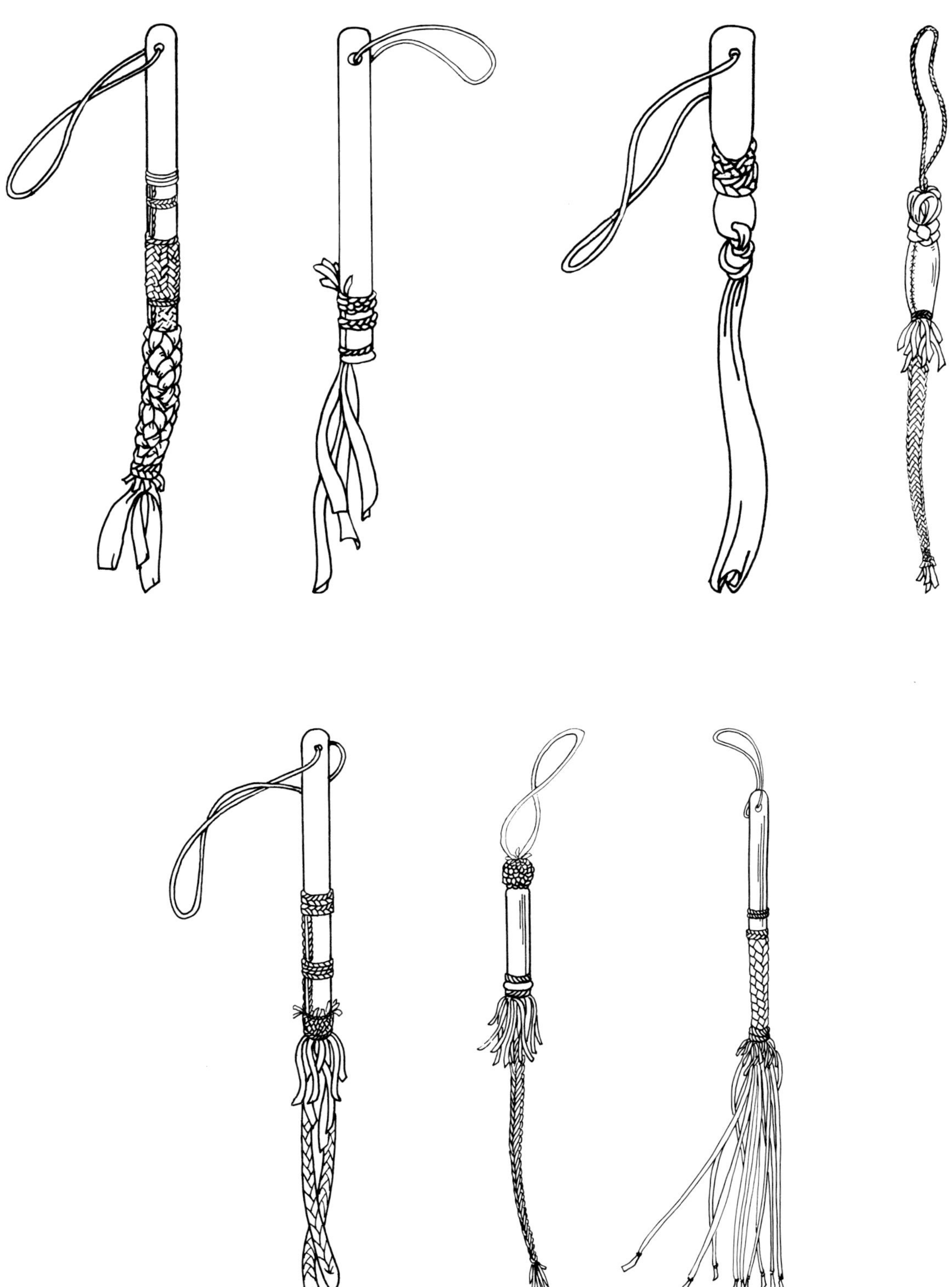

各种鞭子

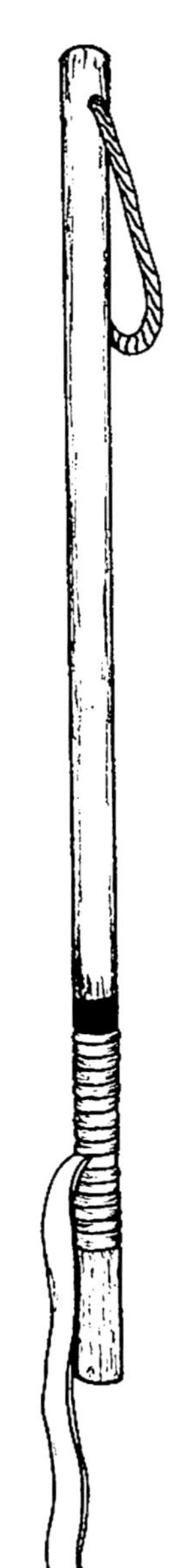

马棒

现代
藤木
长65.8厘米

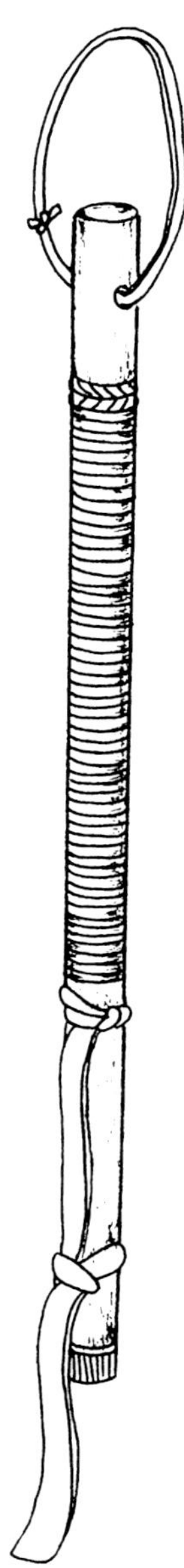

马棒

现代
藤木
长68厘米

马棒

现代
藤木
长65.8厘米
内蒙古大学民族博物馆藏

马棒

现代
藤木
长79厘米
内蒙古大学民族博物馆藏

三　马绊子

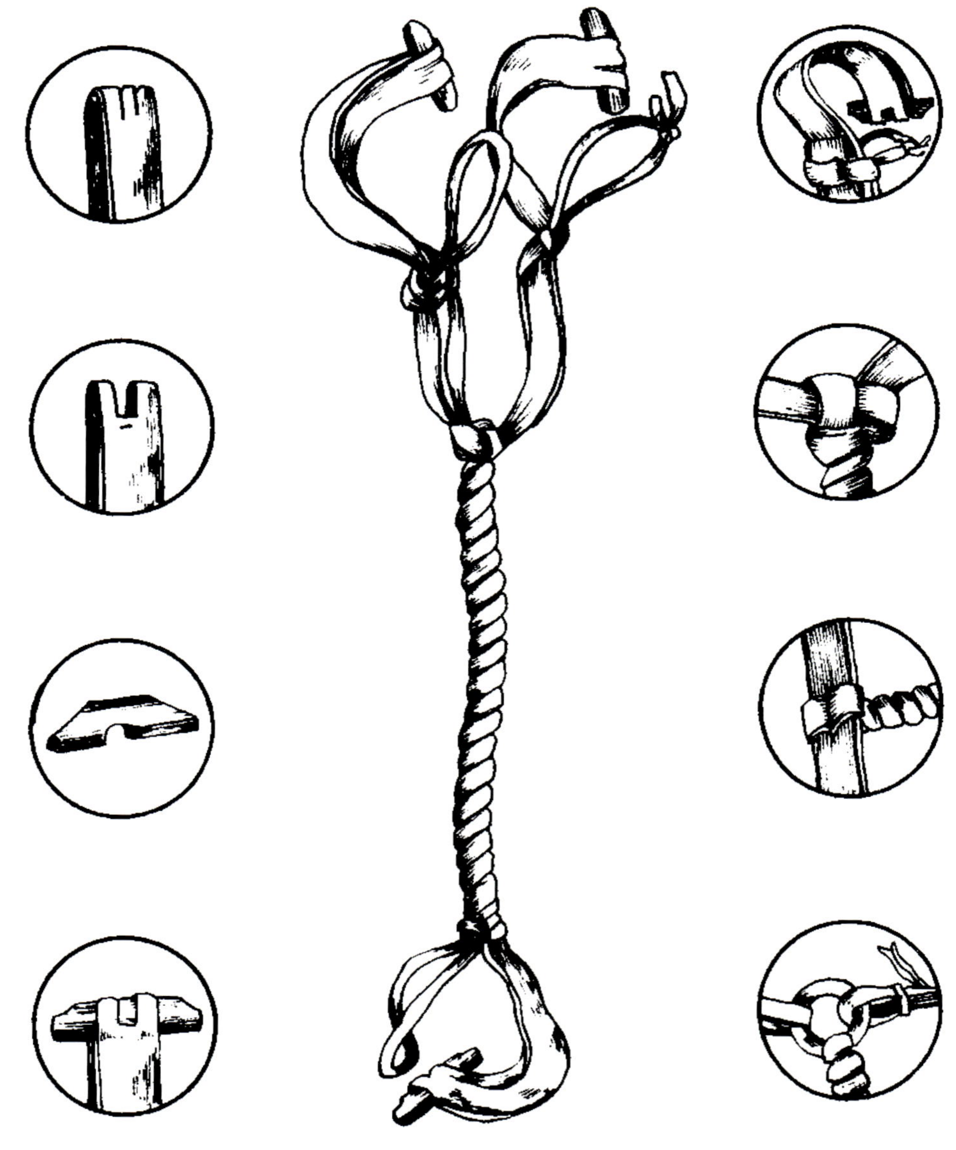

三腿马绊和结扣

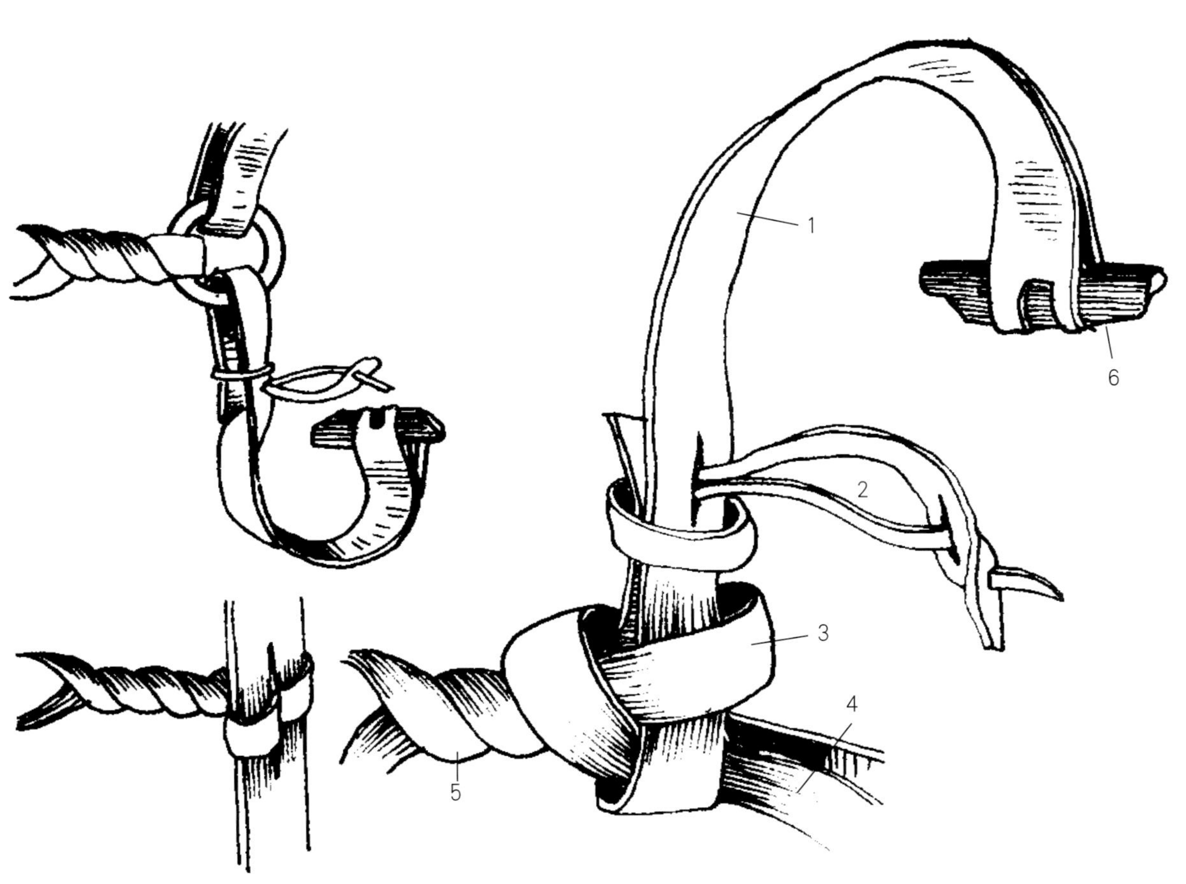

1. 马绊套
2. 马绊扣鼻
3. 马绊后叉
4. 马绊前叉
5. 绊子干索
6. 绊套别棍

三腿皮马绊

近代
皮
长95.5厘米
内蒙古大学民族博物馆藏

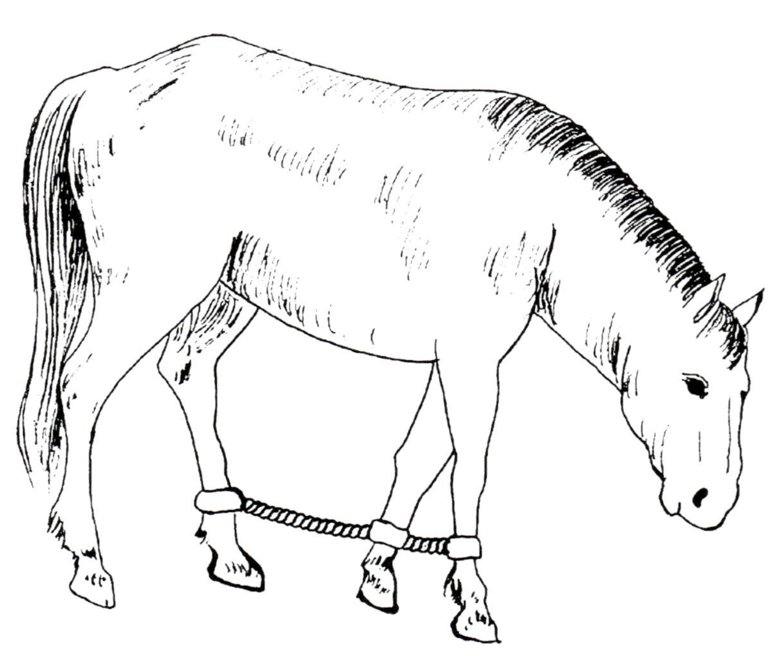

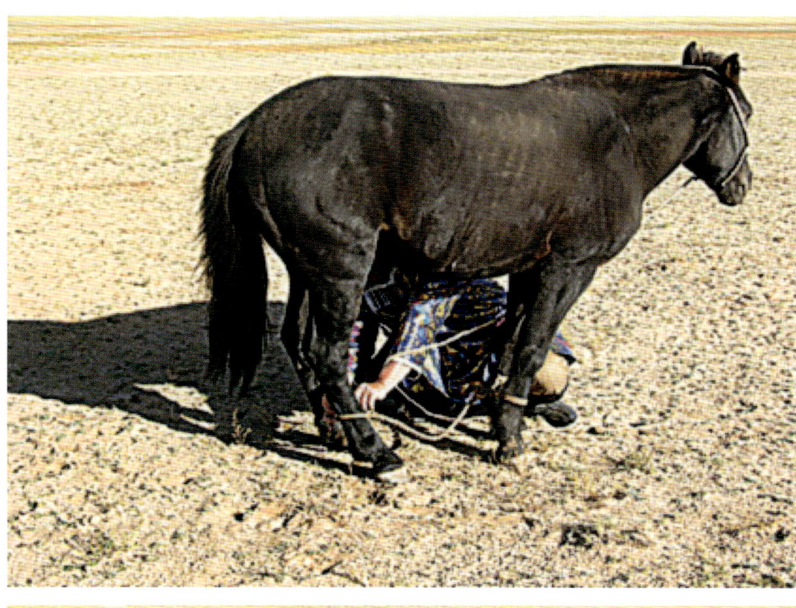

戴三腿绊子的马

顺腿皮马绊

近代
皮
长63厘米
内蒙古大学民族博物馆藏

顺腿芨芨草马绊

近代
草
长90厘米
内蒙古大学民族博物馆藏

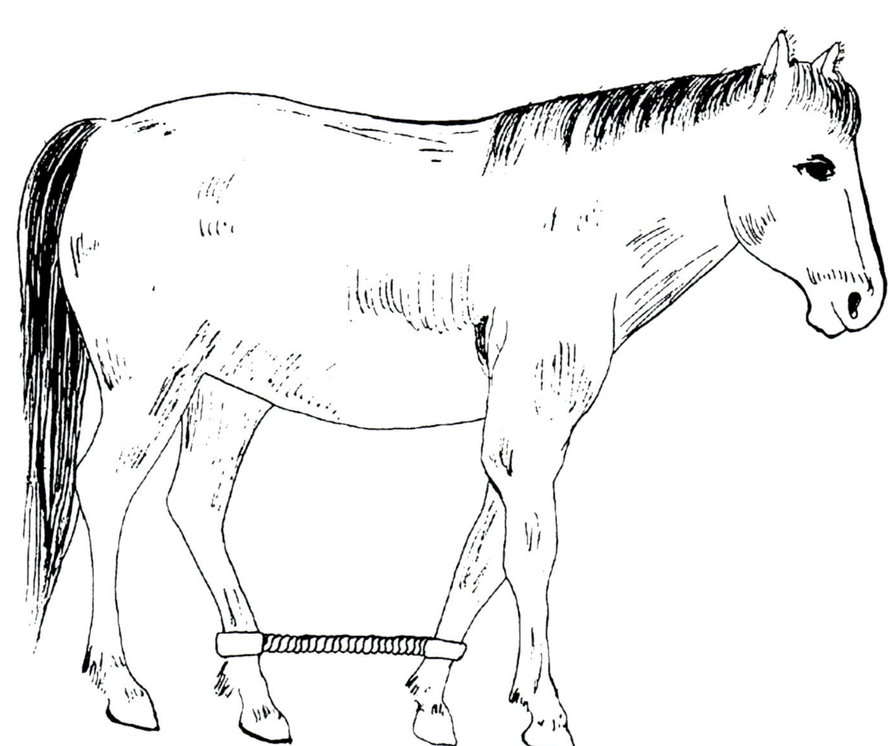

戴顺腿绊子的马

前腿皮马绊

现代
皮
长39厘米
内蒙古大学民族博物馆藏

戴前腿绊的马

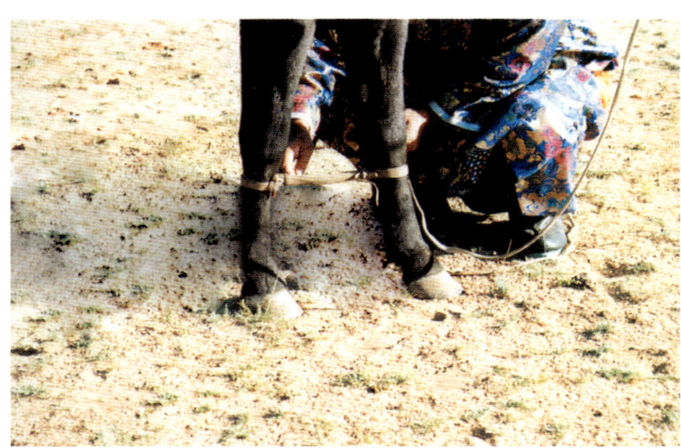

四　马汗刮子、护腰、马挠子、马刷子、蝇甩　、马褡子

1. 马汗刮子

雕花檀木马汗刮子

近代
檀木
长33.4厘米　宽4.5厘米
内蒙古博物馆藏

条形刮板，前端及柄部雕刻卷云纹。此系给马刮汗梳理鬃毛之工具。

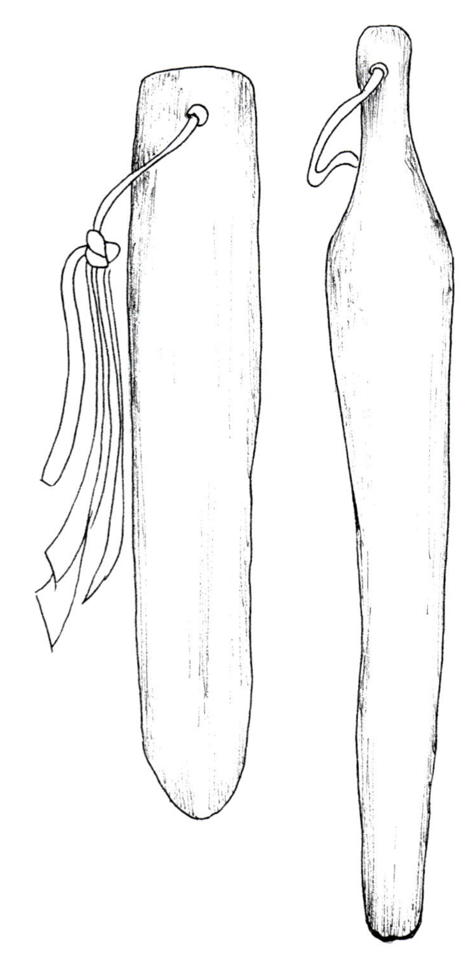

角制马汗刮子

“八骏图”马汗刮子

近代
原件藏于内蒙古博物馆

“八骏图”马汗刮子

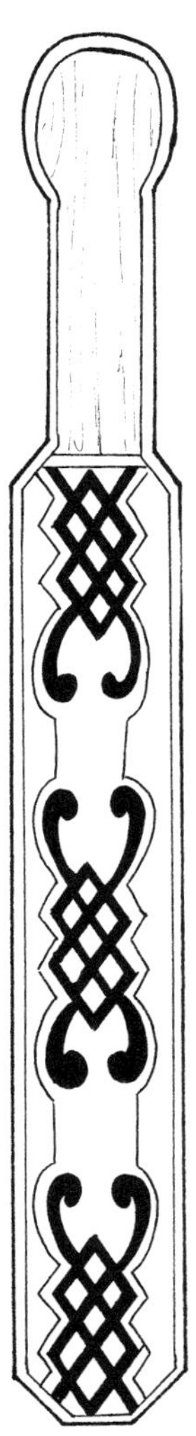

马汗刮子形状及纹饰

之一

之二

之三

刮马汗

2. 护腰

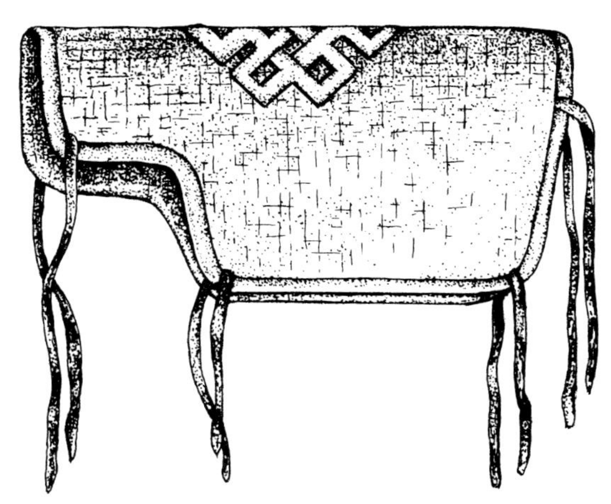

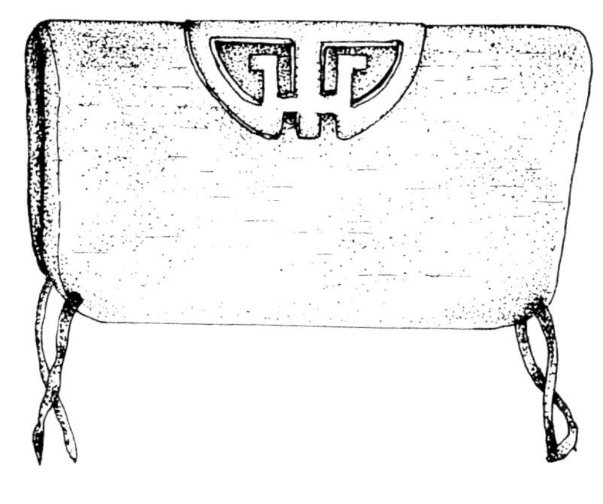

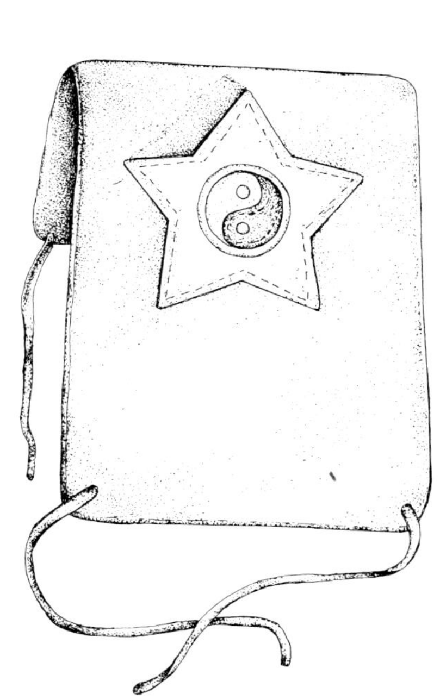

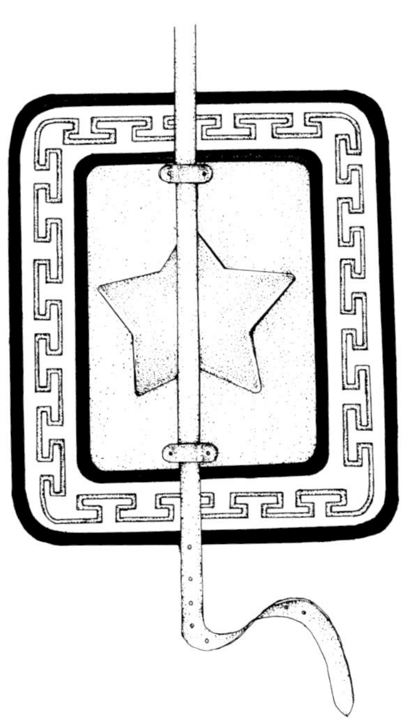

护腰的形状及纹饰

3. 马挠子

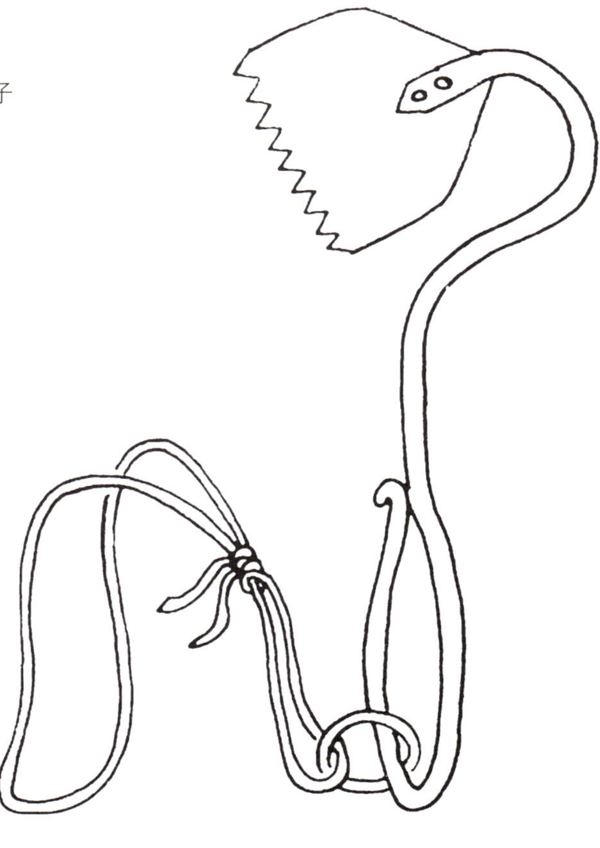
铁制马挠子

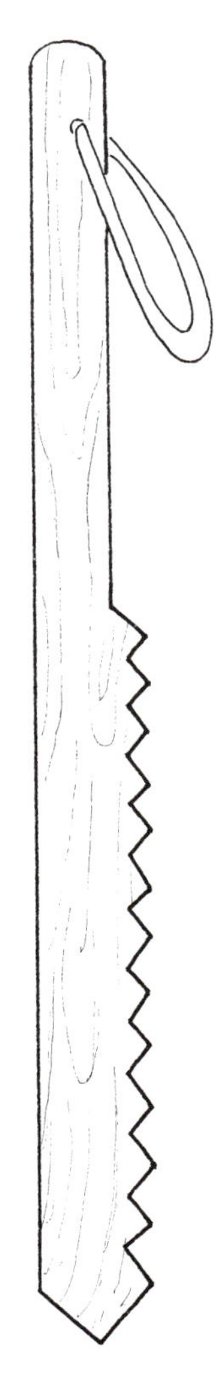
马挠子

马挠子

近代
铁
长18.5厘米　宽12.5厘米
内蒙古大学民族博物馆藏

4．马刷子

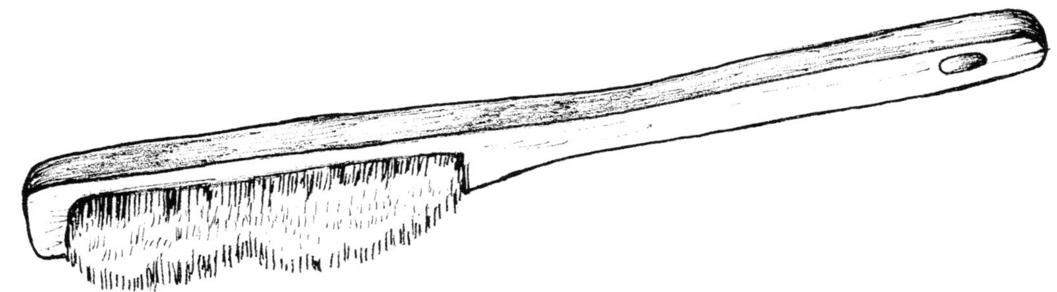

5. 蝇甩

马尾编织蝇甩

现代
木、马尾
长96厘米
内蒙古大学民族博物馆藏

局部

马尾搓编蝇甩

现代
木、马尾
长124厘米
内蒙古大学民族博物馆藏

这种蝇甩是把十几根马尾搓成一股，增加马尾的强度。

牛尾蝇甩

近代
牛尾
长77厘米
内蒙古大学民族博物馆藏

这种蝇甩制作简单，直接把宰杀的牛尾割下略做加工即可。

6. 马褡子

云纹皮马褡子

现代

羊皮

长117厘米　宽28厘米

内蒙古大学民族博物馆藏

香牛皮马褡子

毛编马褡子

近代
驼毛
通长109厘米　宽45.5厘米
内蒙古大学民族博物馆藏

五 马印

马印

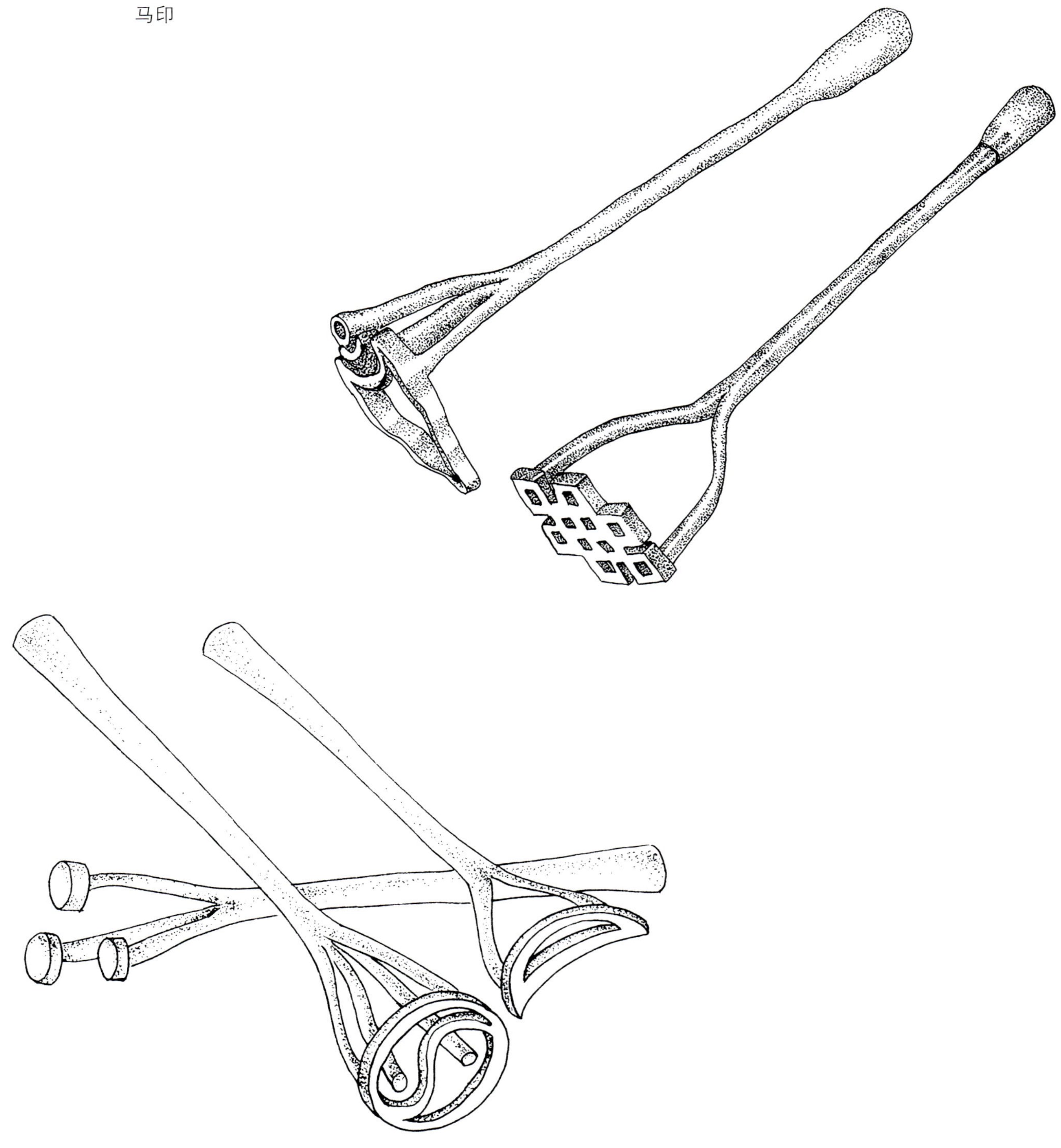

藏文马印

清
铁
长58.5厘米　印长13厘米　宽6.7厘米
内蒙古博物馆藏

火轮纹马印

近代
铁
通长68.5厘米
内蒙古大学民族博物馆藏

“万”字纹马印

近代
铁
通常69厘米
内蒙古大学民族博物馆藏

马印的形状及纹饰

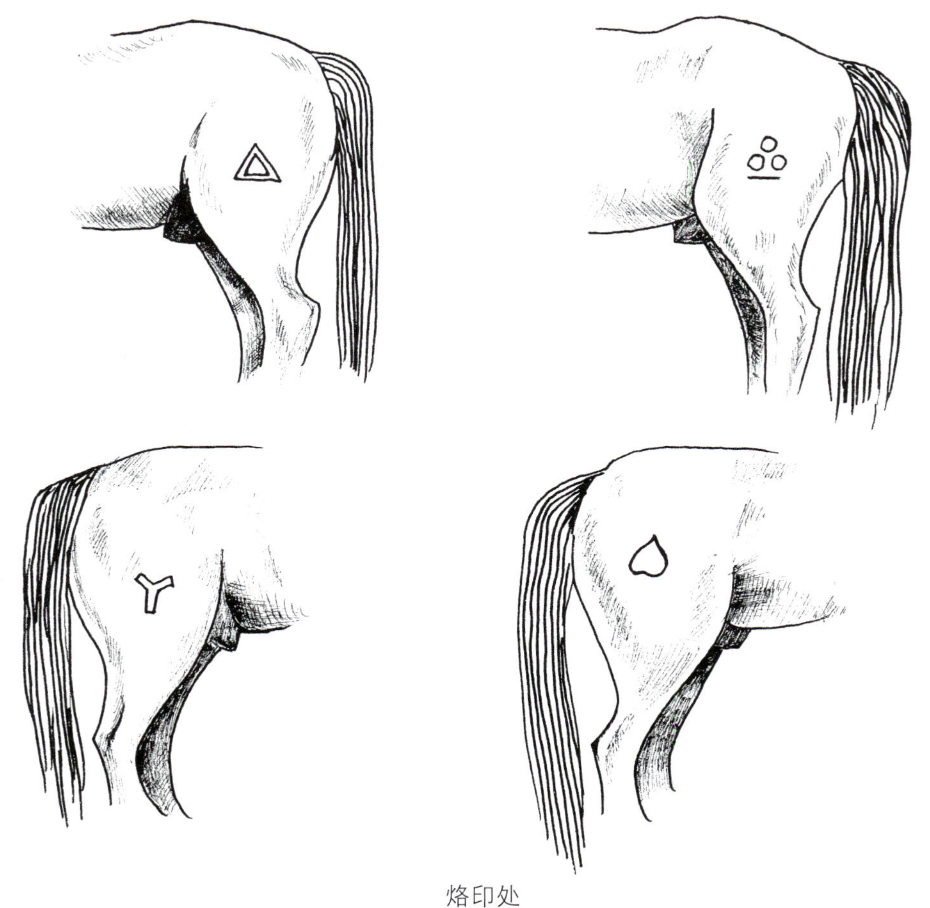

烙印处

打马印

六 套马杆、套马索

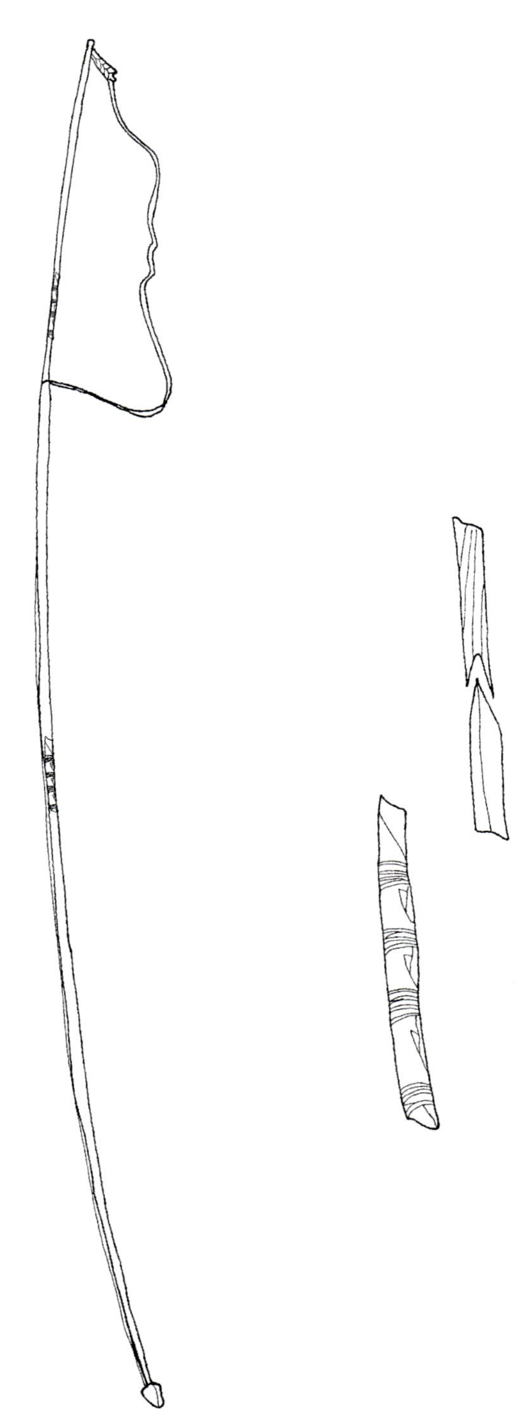

套马杆

制作套马杆

之一

之二

之三

之四

套马杆的局部

套马

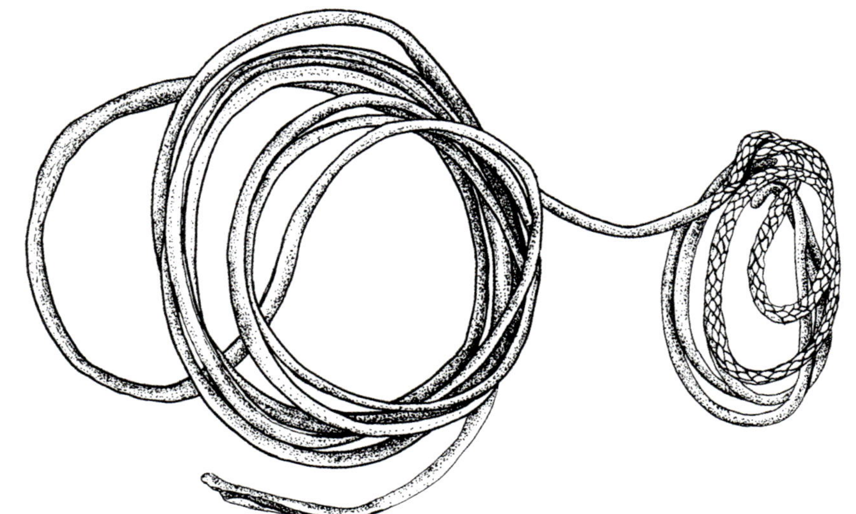

皮套马索

皮

原件藏于内蒙古博物馆

鬃绳套马索

近代

马鬃

长10米

内蒙古大学民族博物馆藏

老牧民传授技艺

用套马索套马

七 杆子马与套马技术

追赶

杆子马与主人的配合

八 撑杆上马与拖杆行进

撑杆上马

3

1

4

2

5

拖杆行进

拖套马杆
牧马人用右胳膊挎套马杆拖着行进

套马手

九　拴马桩

石头马桩

单马桩

这是在单马桩上拴马的一种方式。不是把缰绳直接拴在马桩上，而是把缰绳绕马桩系在马的脖子上，防止马绕桩走动而缰绳缠绕在马桩上。对刚开始调教的生格子马和脾气暴躁的马采用这种方式。

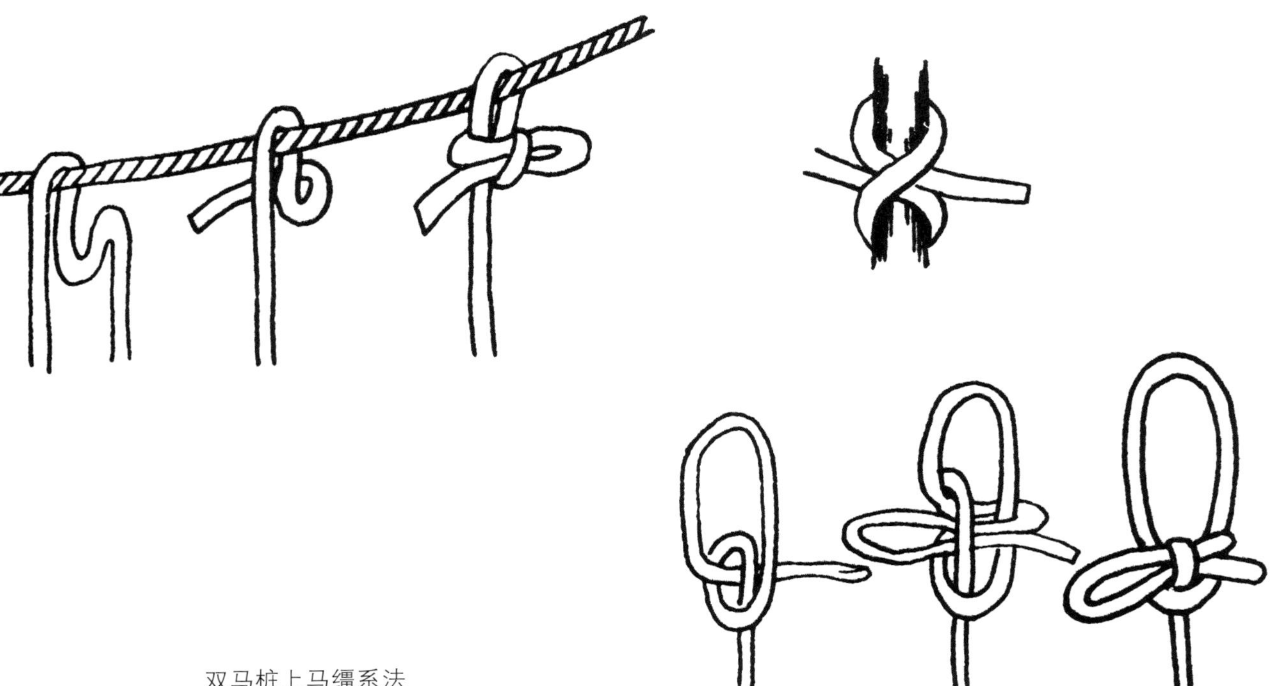

双马桩上马缰系法

双马桩

缆绳（拴马用长绳索）上拴马

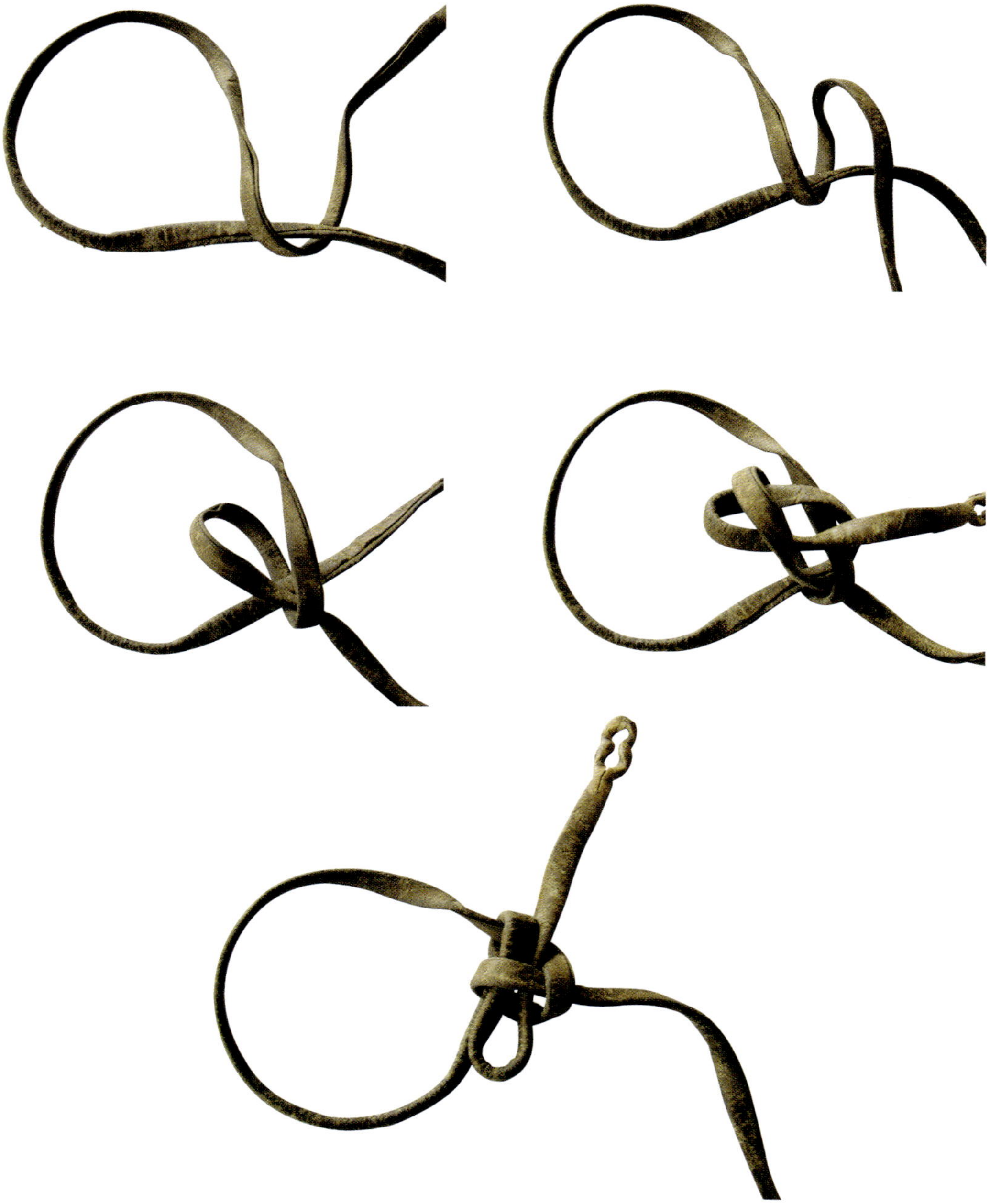

蒙古式拴马结

横卧式马桩

收缰

十　元代驿站和急递铺

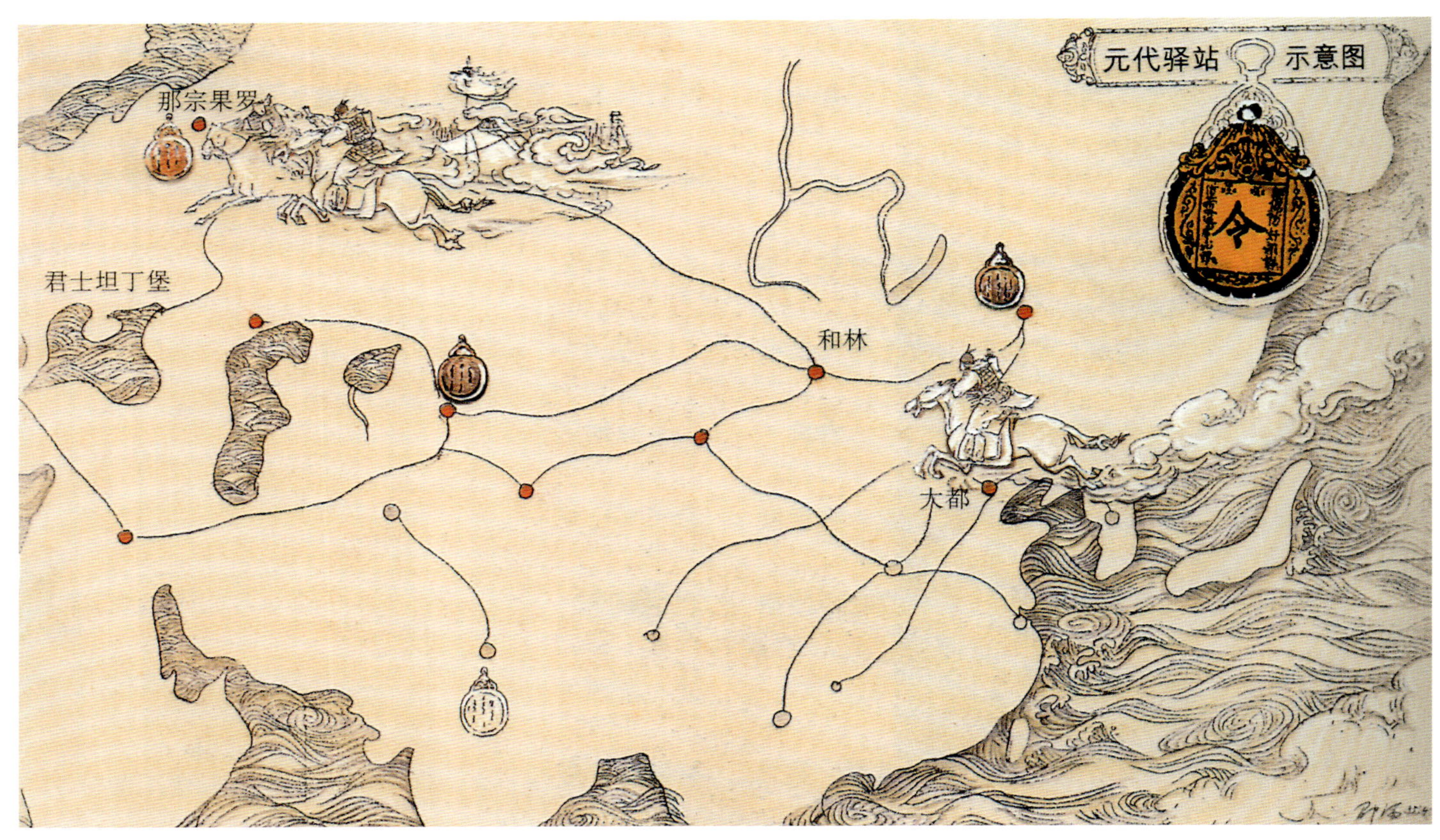

元代驿站示意图

急速递令牌

内蒙古博物馆藏

"常乐站"铜印

元

铜

高5厘米　边长5.5厘米

内蒙古自治区乌兰察布市凉城县出土

印文为汉字篆体"常乐蘸印"，背刻"常乐站印"、"中书礼部造"和"至元五年十月□日造"字样。元代建立了完善的驿站制度，这枚官印就是这一制度的实物资料。

十一　清代乘马牌

四子王旗保安部队重要差事乘马牌

内蒙古博物馆藏

乌兰察布盟盟长乘马牌

内蒙古博物馆藏

乘马牌一组

肆 马的调理驯化和骑用

蒙古人把马看作自己的亲密伙伴和朋友，所以对马进行精心调理，备加爱护，包括打马鬃、挂马掌、骟马、给马治病等等。在长期的养马、用马的生产实践中，蒙古民族积累了丰富的驯马、骑马的经验。

一、打马鬃

马鬃是长在马颈部上的又长又密又硬的毛。打马鬃就是修剪马的鬃毛，剪下的马鬃、马尾用于生产生活，提高马资源的产值。打马鬃在清明节后的春天进行，这时是马开始褪毛的季节，又是马尚未吃饱青草而体力最弱的时候，套马相对容易一些。牧马人选择风和日丽的吉日，把马群赶到住地的附近，然后把自己家打马鬃的消息通知给左邻右舍。打马鬃是一项集体劳动，从马群里抓那么多的马，并且一一剪下马鬃，少数几个人无法完成。乡亲们得到消息后，骑上马纷纷前来相助。大草原上经营畜牧业的人们，自然养成相互协助的团队精神，左邻右舍不管谁家需要帮忙，大家都要丢下手中的活前去帮助。参加打马鬃的人很多，犹如小范围的“那达慕”。打马鬃首先要套马，这不但为优秀驯马手提供了施展套马技术的平台，也为老驯马手传授套马经验，新驯马手学习成长创造了机会。套马时，众人从外围把马群围住，不让马群跑散。当套马手们用娴熟的套马技术从马群中把马套住，人们一起上去控制被套的马，用剪刀修剪马鬃、马尾。打马鬃不是把马的鬃毛全剪掉，鬐甲鬃（颈部与脊背连接处的鬃毛，蒙古语《ᠮᠤᠨᠳᠠᠭ᠎ᠠ》[munday_a]）和额鬃（两个耳朵前的鬃毛，蒙古语《ᠭᠥᠬᠥᠯ》[göxöl]）必须留下。留鬐甲鬃的一个用途是驯生格子马时，为防止其尥蹶子将骑手甩下，以供骑手紧紧抓住鬐甲鬃来提高在马背上的稳定性。另外，为了让种马保持在马群中的雄风也不打鬃，为了美观不剪骑乘马的鬃毛，只是稍微修剪美化。剪下来的马鬃、马尾可以用来制作刷子，搓毛绳等。马尾还可作马头琴、四胡等乐器的弦。

二、挂马掌

马掌（蒙古语《ᠲᠠᠬ᠎ᠠ》[tax_a]），为了保护马蹄而挂在马蹄上的∩形铁。挂马掌是在铁匠炉由铁匠来完成的。铁匠先用铁打出不同规格的∩形马掌和挂马掌专用的马掌钉。∩形马掌上有4～5个钉眼。马掌钉的头部酷似蝌蚪状，钉身细尖直接钉入马蹄甲。挂马掌时先把马固定在铁匠炉门前立的“挂马掌架”之间。挂马掌架由与马身长相等距离，顶端有横梁的两根或四根桩子组成，有两根桩子组成的“单架”和四根桩子构成的“双架”两种。挂马掌时，利用桩子上的相关构件，用一根长绳索横绕挂马掌架，防止马的左右跑动，再用两根绳索从马的肚子下面兜住，之后将马身吊挂马掌架的横梁上，使马腿离地而不能用力挣扎，再让马腿往后弯曲，使马蹄朝上，用绳索固定在挂马掌架的桩子上，用烧红了的烙铁把马蹄甲烫软，用专用快刀削去马蹄上残破的蹄甲。同时还要烫软修削位于马蹄中间的“趾枕”（即蹄叉，蒙古语《ᠭᠠᠬᠠᠢ》[γaxai]）。“趾枕”包括肉叉和皮下组织，不经常修削，马就会因趾枕接触地面疼痛难行。最后选择与马蹄大小合适的马掌，用马掌钉子钉在马蹄甲上，穿透马蹄甲的钉尖用顶掌盘弯铆住，防止马掌脱落。挂马掌就是给马“穿鞋”，马掌除了保护马蹄外，马掌下面的马掌钉还能起到防滑作用。挂上掌的马，无论在冰雪地还是泥泞坑洼之地都可以行走自如。

三、骟马

骟马（蒙古语《ᠦᠷᠡᠶ᠎ᠡ ᠬᠠᠭᠠᠷᠢᠬᠤ》[üriye xaɣarixu]），阉割3～4岁的公马。牧人根据马群中的骒马数量，除留少量优良品种的种马外，其他公马一律要阉割。骟马的时间根据当年年景而定。冬天没有大的灾害，春节期间可以骟马，遇到灾年则将骟马时间推迟到青草长出。根据小公马的身体发育情况3～4岁时阉割。骟马时选好吉日带上哈达和礼物，请技术高超、经验丰富的骟马手来骟马。骟马时先把要阉割的马绊倒，用绳索绑住马腿，然后用专用夹板夹紧马的睾丸根部，往睾丸上浇冷水进行“麻醉”，用刀子拉开阴囊割去睾丸，再用烧红的烙铁烫伤口预防感染。已骟的马7天之内单独放养、专人管理，不可长时间站立，要驱赶马经常走动；3周后给马备上鞍子，牧人骑马在有沟沟坡坡的地方让马跳跃奔跑。这样能使马的筋骨得到调理。骟马虽然是个小手术，但骟马技术的高低直接关系到马匹将来的优劣，所以骟马很受牧人的重视。蒙古人忌讳直接说骟马，而是依据骟马的实际效用、动作来表述，如《ᠦᠷᠡᠶ᠎ᠡ ᠬᠥᠩᠭᠡᠯᠡᠬᠦ》[üriye xönggelexü]、《ᠦᠷᠡᠶ᠎ᠡ ᠴᠠᠭᠠᠯᠠᠬᠤ》[üriye čaɣalaxu]、《ᠦᠷᠡᠶ᠎ᠡ ᠵᠠᠰᠠᠬᠤ》[üriye ǰasaxu]、《ᠦᠷᠡᠶ᠎ᠡ ᠡᠰᠬᠡᠬᠦ》[üriye esxexü]、《ᠠᠭᠲᠠᠯᠠᠬᠤ》[aɣtalaxu] 等。

四、治马病

在饲养和使用马的过程中，经常遇到马由于跑的时间长而腿上淤血或者因着凉等原因而生病的情况。据《蒙古人与马》记载，经常遇到的马病有内科的消化系统病、呼吸系统病、泌尿生殖系统病、神经系统病、心血管系统病和外科的疾病57种之多。长期的马背生涯中，蒙古人在治马病方面积累了丰富的经验。除用中草药治马病外，更常用的治疗方法就是给患病的马进行针灸、放血治疗。有经验的兽医根据马的不同病情，在不同穴位上针灸、不同血管上扎针放血来给马匹进行治疗。马身上可放血的点有25个。

五、对烈性马的特殊驯化

1．蒙古式拴马唇

半野生状态下生长的生格子马，经过驯化后才能成为骏马。刚从马群里抓来的马野性很大，必要时通过拴、夹马唇的办法才能把马制服。拴马唇（蒙古语《ᠴᠣᠷᠪᠣᠳᠠᠬᠤ》[čorbodaxu]），就是用绳子、夹板等工具拴、夹马最敏感的唇部，使马在疼痛难忍的情况下听从主人的调教。蒙古式拴马唇有用缰绳拴马唇、双全唇、夹式拴唇等几种。

2．绊马躺倒法

对于烈性马，打马鬃、骟马、治马病时，都需要把马绊倒（绊倒马的具体步骤详见附图）。

六、驯马

驯马是体现蒙古族牧人勇气的一种活动。精骑射、驯烈马是一个优秀男子的标志。据《蒙鞑备录·马政》载："其马初生一二年，即于草地苦骑而教之，却养三年而后再乘骑。"驯马，是一门绝技，只有剽悍机敏的骑手才能胜任。因为所驯之马多为生格子马，一般人是很难制服的。马驹断奶后，在草地放牧，二年后开始调教。从未被骑过的生马，性格暴烈，见人连踢带咬，无法靠近，这就需要勇敢的骑手来驯马。一般都驯3～5岁的骗马（蒙古语《ᠡᠷᠡᠭᠡ》[üriy_e]）和骡马（蒙古语《ᠪᠠᠶᠢᠳᠠᠰᠤ》[baidasu]）。用套马杆将未驯服的生格子马套住后，戴上笼头、嚼子，鞴上马鞍，几个身体强壮的小伙子揪住马耳朵，一名骑士上马后其余人松开，任生格子马尥蹶子，第一次骑时尥蹶子的次数比较多，第二、三次骑时尥的次数就相对要少。驯马时首先走直线，不能打马的头部。驯服一匹生格子马需要一个月时间。

一般来说，牧人们对马的训练很严格，但是从不用鞭子随意打马，而是爱护地接近马，使之与人产生深厚的感情。已驯的马不咬人也不乱踢人，步伐能随主人的调训而改变，但必须善于应用驾驭的方法才行。

七、鞴鞍

对于骑马的人来说，给马鞴鞍是最平常的工作，但从爱护马的角度上说鞴鞍也是比较细致的工作。首先使马迎风站立，把鞍子先放在马背前部，顺马的毛茬轻轻往后挪动，否则马的毛折压在鞍子底下，时间一长，马毛容易折断。把鞍子放在马背上时轻轻地放下肚带扯肚，严防用马镫、鞍鞒碰撞马的肩胛、肋骨，否则马会养成鞴鞍时受惊的毛病。扣肚带、扯肚时，生格子马先扣前肚带，驯好的马先扣后肚带。扣肚带扣时把手指头垫在肚带扣下，防止夹住马毛，否则马会养成害怕扣肚带扣而咬人、踢人的坏习惯。鞍子在马背上的位置不能太靠前，也不能过分靠后，并且使用柔软的鞍屉，同时把肚带扯肚根据情况扣紧，防止马鞍前后移动而磨伤马背。

八、骑马

骑马的基本步骤为：鞴好鞍后，从马的左侧上马。用左手把马笼头、马嚼子的缰绳一起握住，左脚插入镫口，用两只手分别从前后鞍鞒拽的同时蹬马镫的左腿用力向上，右腿迅速跨过马鞍骑在鞍子上，然后右脚蹬住右侧马镫，在鞍子上坐稳，握紧马缰，两脚前掌踩紧马镫、蹬力相同，臀部不要坐得太实，身体随马的步伐自然摆动。要踩实马镫防止脱镫，但只能用前脚掌踩，脚跟向下坠挂住马镫，这样即使摔下也不会被马镫拖住。骑马时骑手应尽量穿马靴，这样不仅能防止镫带磨破腿，一旦落马也可以避免将整只脚套入马镫。

骑马姿势除了身子正直坐在马鞍上的正常姿势外，还有侧骑、站骑和叠骑（马后头带人）等。

1．侧骑。远途骑马会很累，所以应经常变换骑马的姿势来缓解疲劳。侧骑不是普通骑乘那样平衡地坐在马背上，而是把身体重心移到一侧，大腿压在马鞍上，左右变换，减少臀部持续受力时间。

2．站骑。马快速奔跑时，采用普通姿势骑在马上，不但骑者不舒服，马也感到很累。这时应该采用站骑姿势，就是站在马镫上前进。

3．叠骑。在大草原上偶尔会遇到两个人叠骑一匹马而行的情况。叠骑时一个人先上马，然后把左侧马镫让给另外一个人。第二个人踩上马镫的同时，骑在马上的人伸出右手，第二个人用左手拉其右手和后鞍鞒上马，坐在马鞍后，把马镫还给前面的人。下马时骑在后边的人踩左侧马镫先下马。马上带儿童时，大人把小孩子抱在前面而行。

九、马的走姿

马的走姿大体分为小颠步（《ᠱᠣᠭᠰᠢᠭ᠎ᠠ》[šoɣsiy_a]）、快颠步（《ᠬᠠᠲᠠᠷᠢᠭ᠎ᠠ》[xatariy_a]）、大步（对侧步亦称走马）（《ᠵᠢᠷᠤᠭ᠎ᠠ》[ǰiroɣ_a]）、奔跑（《ᠳᠠᠪᠬᠢᠭ᠎ᠠ》[dabxiy_a]）等。

十、吊马

自古以来，赛马、摔跤、射箭就被誉为蒙古族男儿三技。蒙古族赛马历史悠久，据史料记载，十三世纪成吉思汗将赛马作为军事训练，把马上运动和兵役结合起来，并成为当时的一种制度，大型集会都会将赛马作为活动内容，代代流传至今不衰。在丰美的草原上，每逢喜庆节日，都要举行赛马比赛。虽然随着牧区经济水平的提高，马正在逐步退出牧民的生产和生活领域，但是，赛马作为蒙古族在游牧生活中形成的传统体育项目，依然是草原文化的一大亮点。

参赛马是经过认真筛选，接受严格训练的良马。参赛马选定后，首先要“吊马”（蒙古语《ᠮᠣᠷᠢ ᠤᠶᠠᠬᠤ》[mori uyaxu]、《ᠮᠣᠷᠢ ᠰᠣᠢᠬᠤ》[mori soixu]）。吊马需要勤快、辛苦和丰富的养马经验，草原上把专门吊马的人叫“吊马手”（蒙古语《ᠤᠶᠠᠭᠠᠴᠢᠨ》[uyaɣačin]）。

所谓吊马，就是控制好马的饮食，不让马吃得过多；为了保证马的体力，根据情况喂一些营养丰富的精饲料。另一方面对马进行体能训练，如通过急驰长跑多出汗，拴在烈日下晒，使马大汗淋漓等方法排除马体内的毒素；冬天让马站在风口处接受严寒的考验。并且经常按比赛要求训练马的速度和耐力。

对于人和马配合而完成的赛马比赛来说，赛前的准备直接关系到比赛成绩。马的脾气、体力不同，骑手控制马的技术、经验有别，比赛过程中骑手和赛马的配对很重要。所以，把哪一匹参赛马让谁来骑，要事先进行一番周密考虑后才能敲定。特别注意比赛头一天晚上一定不要让参赛马吃饱。如果因主人的一时疏忽而跑出去吃饱了的马，平时吊的再辛苦、奔跑速度再快，也会前功尽弃，本次比赛绝对取不到好成绩。蒙古人把这种马叫《ᠪᠠᠶᠠᠨ ᠬᠣᠳᠣᠭᠣᠳᠣ》[bayan xodoγodo]，直译为“富贵的胃口”，意为“饱肚马”。

蒙古族赛马分走马（蒙古语《ᠵᠢᠷᠤᠭ᠎ᠠ ᠮᠣᠷᠢ》[ǰiroγ_a mori]、颠马（蒙古语《ᠬᠠᠲᠠᠷᠢᠭ᠎ᠠ ᠮᠣᠷᠢ》[xatariγ_a mori]）、快马（蒙古语《ᠬᠤᠷᠳᠤᠨ ᠮᠣᠷᠢ》[xurdun mori]）三种。走马、颠马比赛在比速度的同时，还要比奔跑中是否稳健和美观。走马的跑姿为前后腿同时挪动，就像人的竞走，奔跑所产生的震动小而骑手感到舒服。颠马的跑姿为虽然腿抬得不高，但挪动速度快，奔跑起来稳健而优美。快马比赛还有二岁马（蒙古语《ᠳᠠᠭ᠎ᠠ》[daγ_a]）赛、3～5岁公马（蒙古语《ᠦᠷᠢᠶ᠎ᠡ》[üriy_e]）赛、种马（蒙古语《ᠠᠵᠢᠷᠭ᠎ᠠ》[aǰirγ_a]）赛等。

一 打马鬃

给调教好的马打鬃

给生格子马打鬃

整修鬃毛的马

马的鬐甲鬃和额鬃

未打鬃毛的马

二　挂马掌

马掌和马掌钉子

内蒙古大学民族博物馆藏

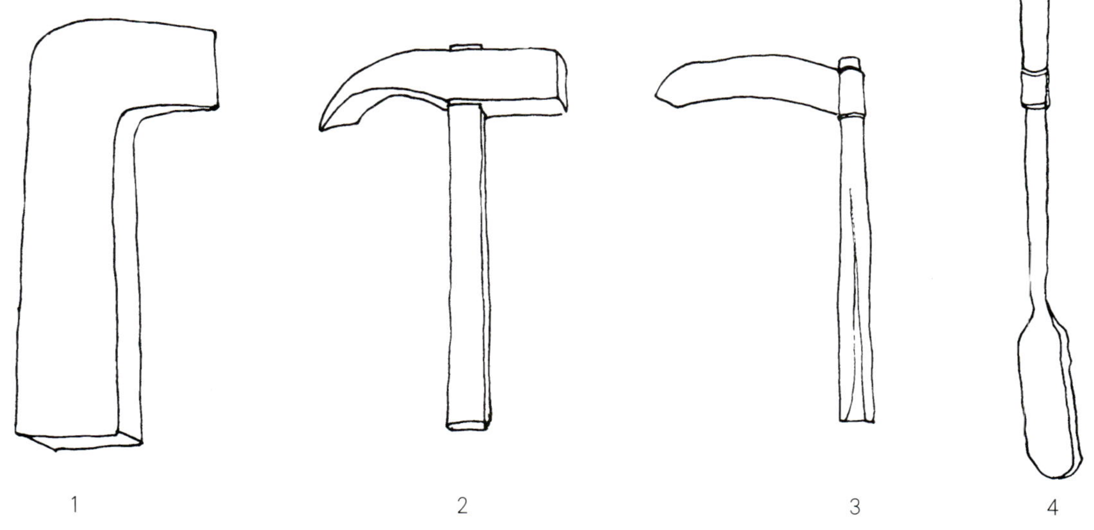

挂马掌工具

1.顶掌
2.钉马掌用小锤子
3.修整马掌用削刀
4.烫马掌用烙铁

顶掌

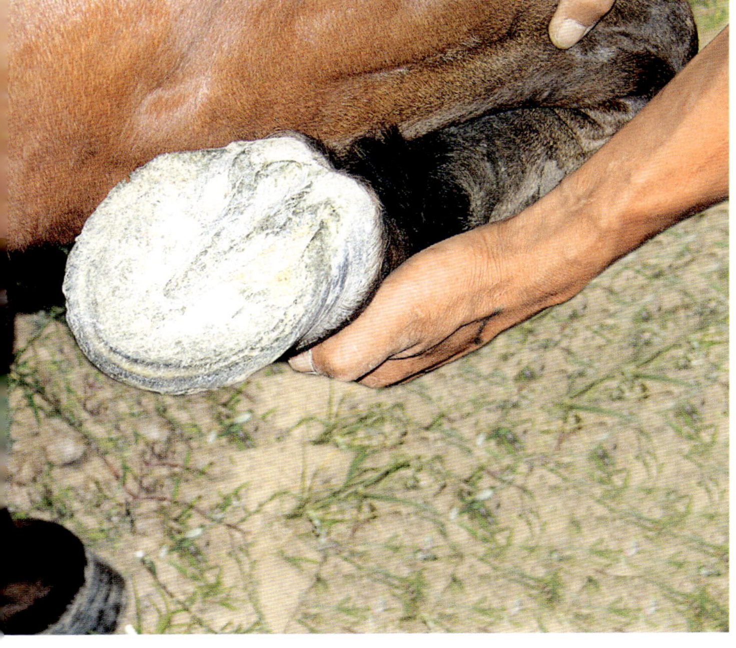

马蹄底部图

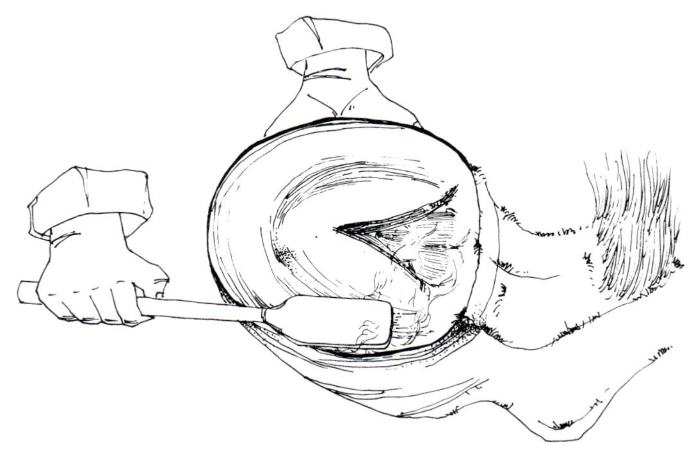

用烙铁烫马蹄使其变软

削马掌（修正马掌底部和周围多余的部分）

钉马掌

钉马掌时必须让马掌钉向外弯曲，钉尖透过马掌，顶到“顶掌”盘起来固定住马掌。

钉马掌

三　骟马

骟马

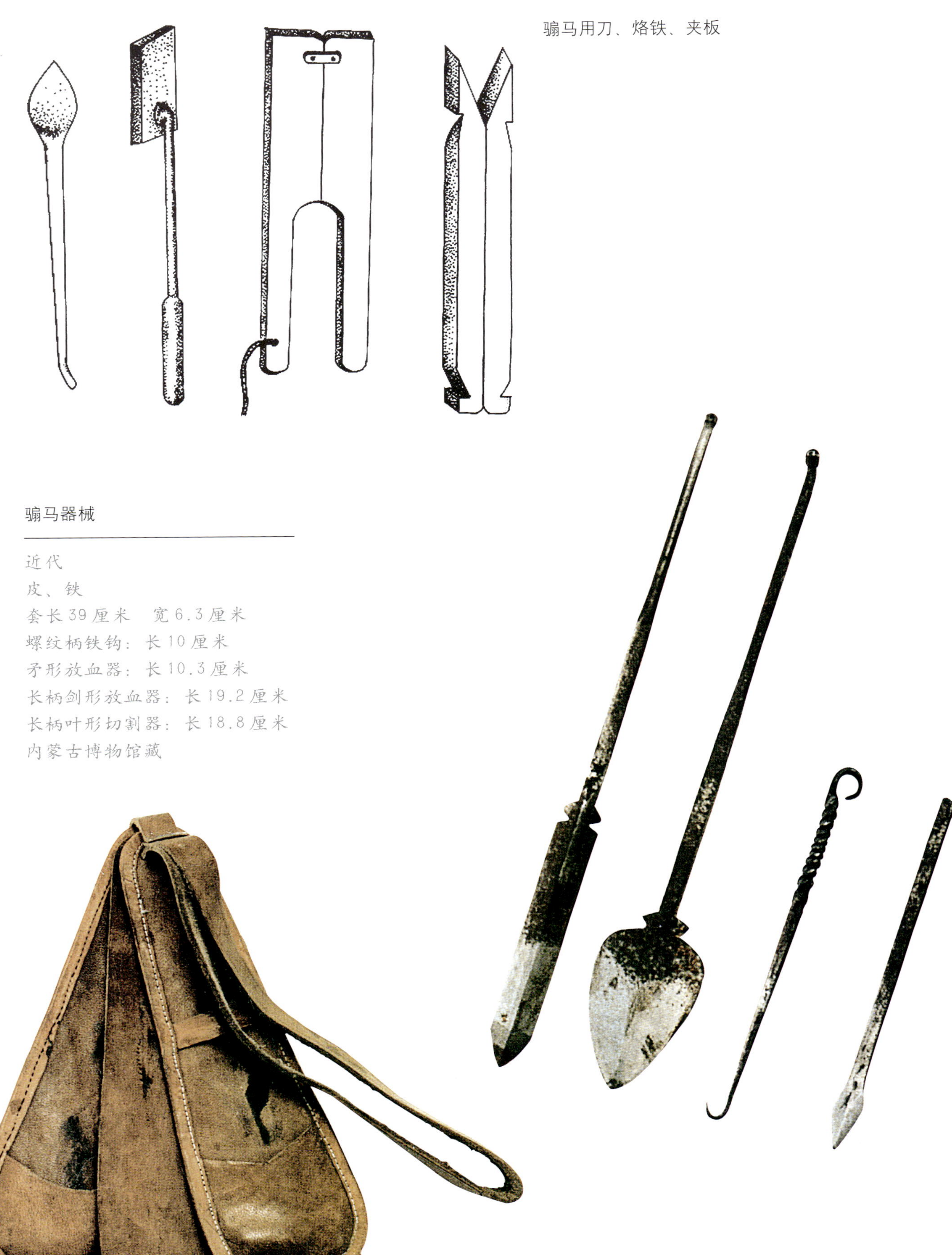

骟马用刀、烙铁、夹板

骟马器械

近代
皮、铁
套长 39 厘米　宽 6.3 厘米
螺纹柄铁钩：长 10 厘米
矛形放血器：长 10.3 厘米
长柄剑形放血器：长 19.2 厘米
长柄叶形切割器：长 18.8 厘米
内蒙古博物馆藏

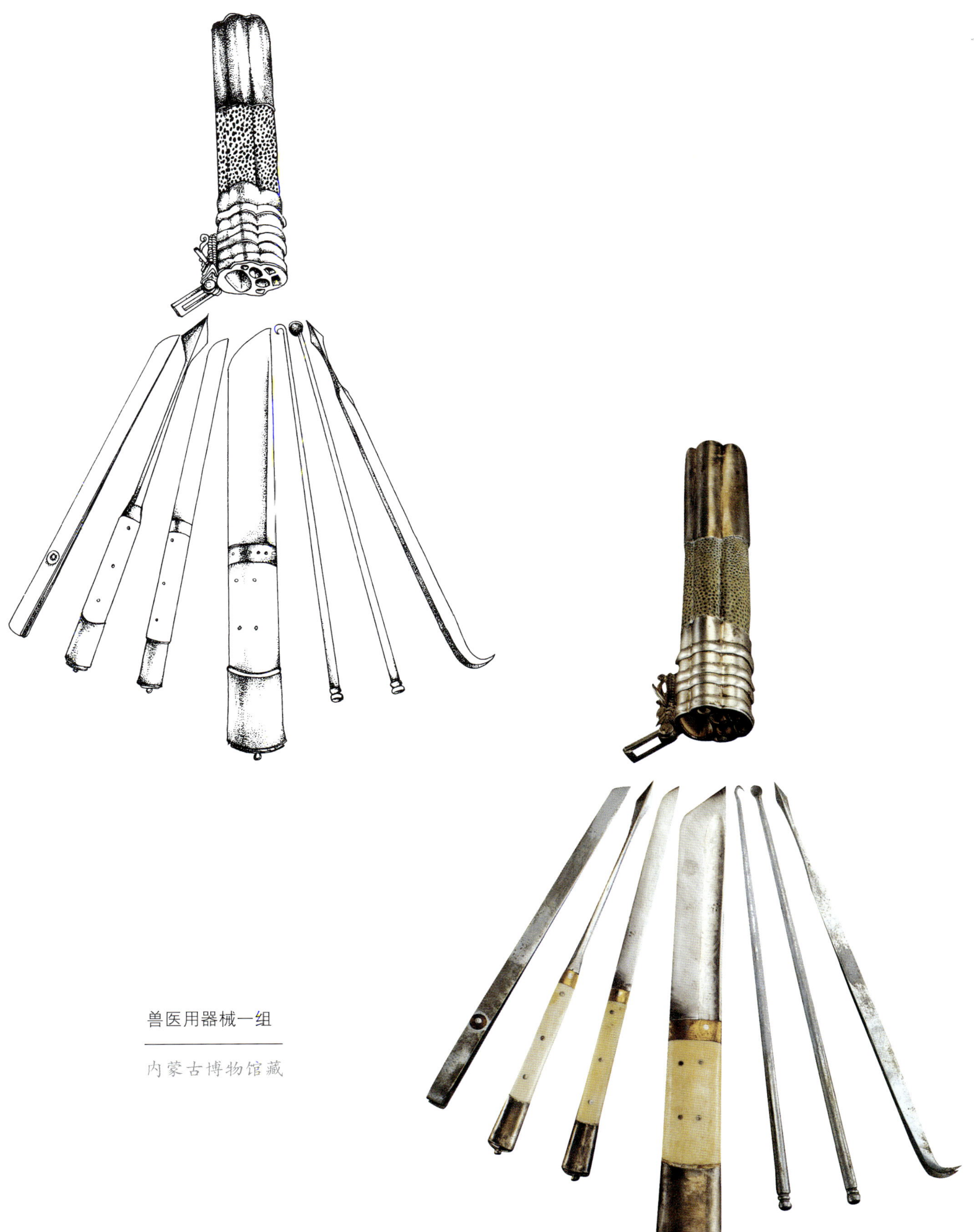

兽医用器械一组

内蒙古博物馆藏

四 治马病

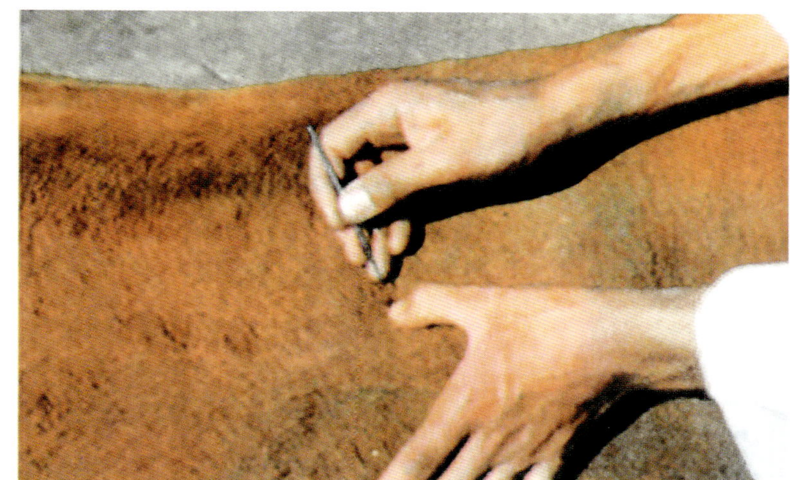

给病马进行放血、针灸治疗

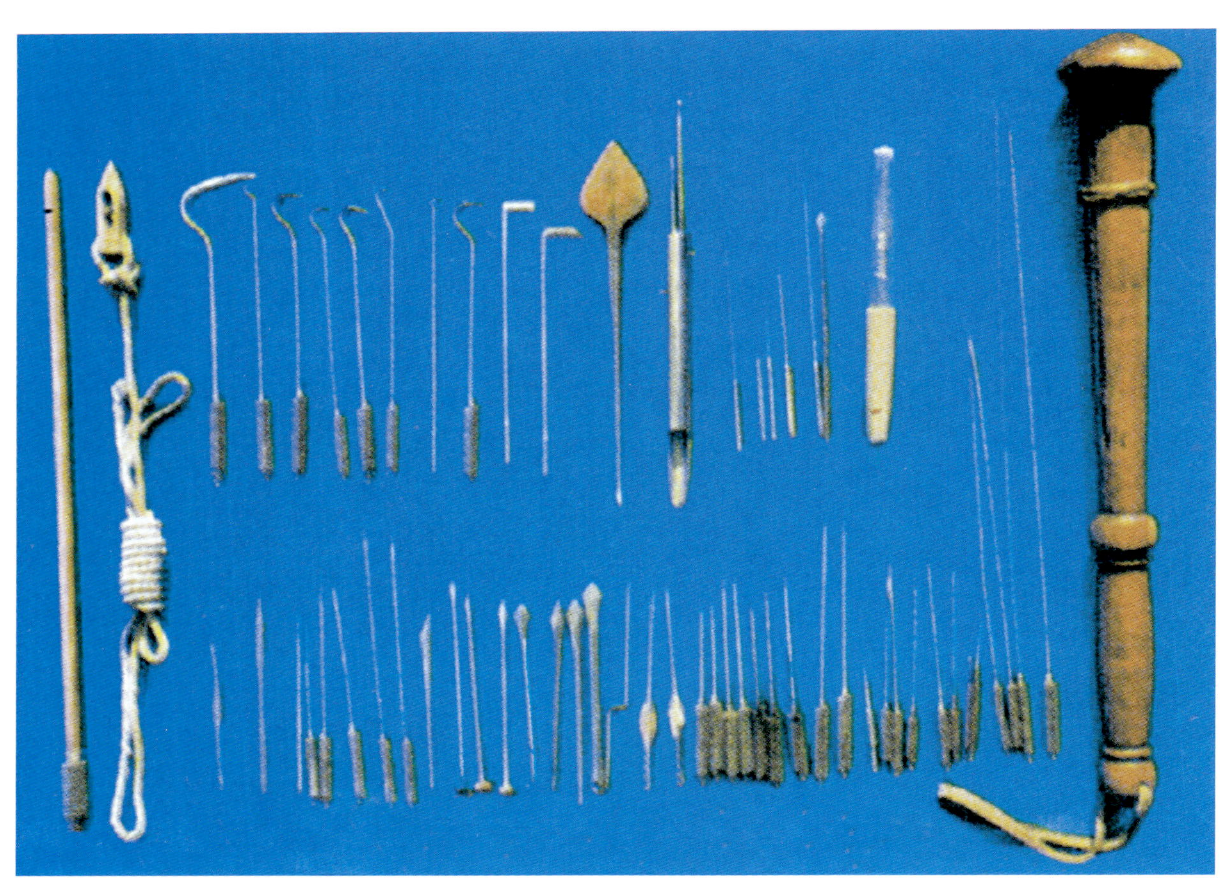

放血、针灸治疗器械一组

内蒙古博物馆藏

兽医用牛角量药器

现代
牛角
通高21.8厘米　直径4.1厘米
内蒙古大学民族博物馆藏

兽医用青铜放血针

现代
铜
长11.3厘米
内蒙古大学民族博物馆藏

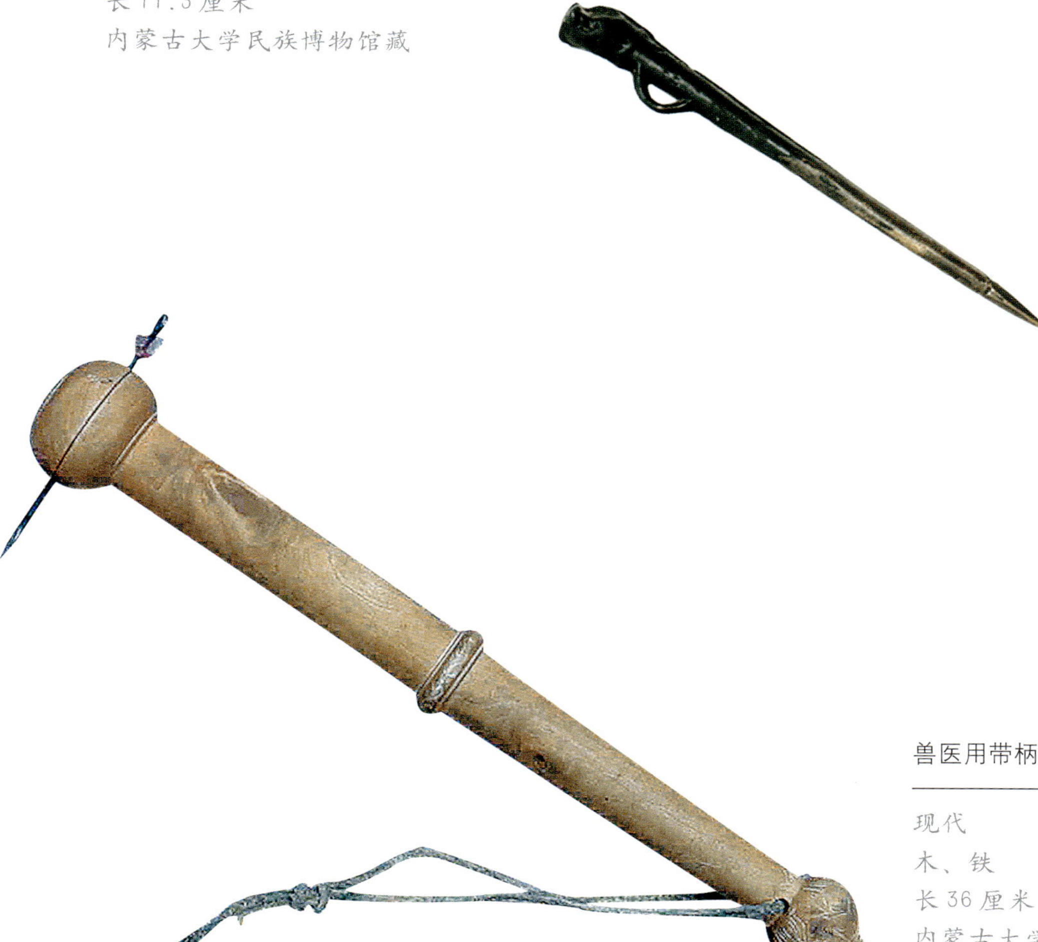

兽医用带柄放血针

现代
木、铁
长36厘米
内蒙古大学民族博物馆藏

五　对烈性马的特殊驯化

用缰绳拴马唇

捡了唇的马

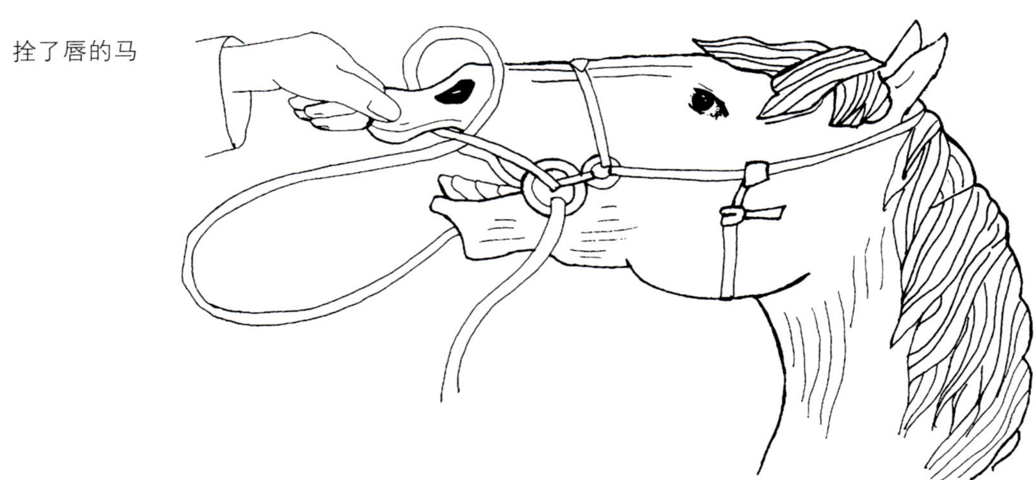

双拴唇

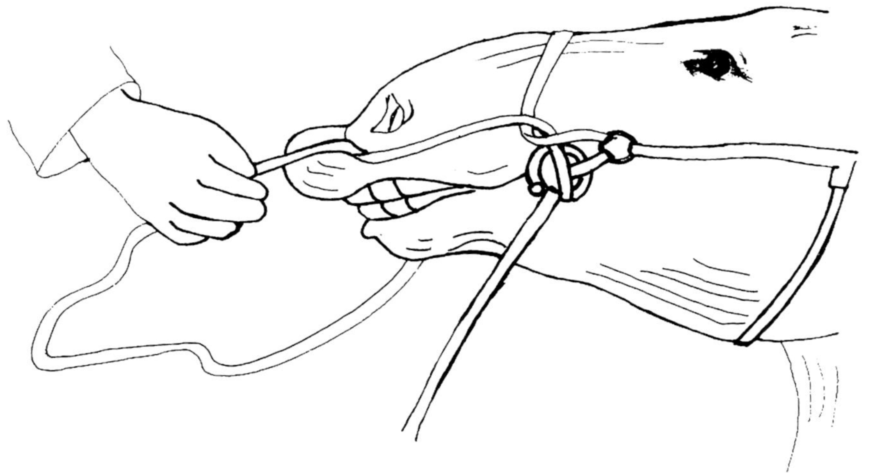

夹式拴唇

1. 拴唇板
2. 拴唇扣
3. 木夹子
4. 系绳

固定的马前肢和固定绳

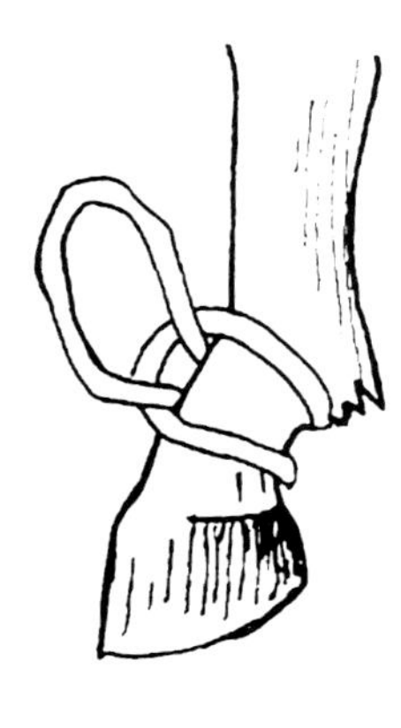

提环

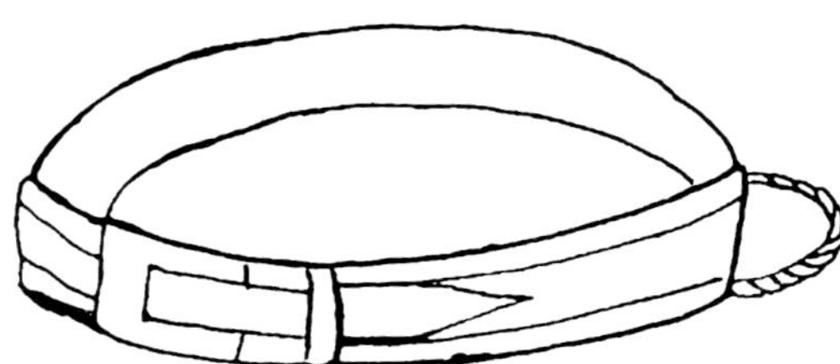

固定带

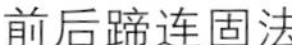

前后蹄连固法

绊马躺倒法

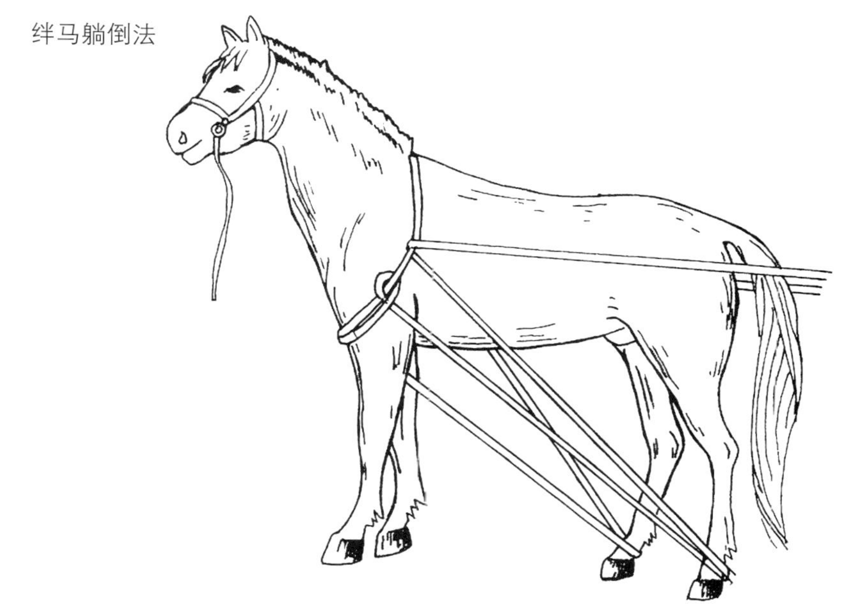

查看马的牙口辨识马的年龄

六　驯马

驯马图

阿拉善右旗曼德拉山岩画

驯马

驯马

驯马

七 鞴鞍

第一步 给马带上马嚼子

第二步 鞍屉铺放在马背上

第三步 鞴上鞍子

第四步 扣紧前后肚带、扯肚

鞴鞍步骤

鞴鞍

上马步骤

香牛皮蒙古靴

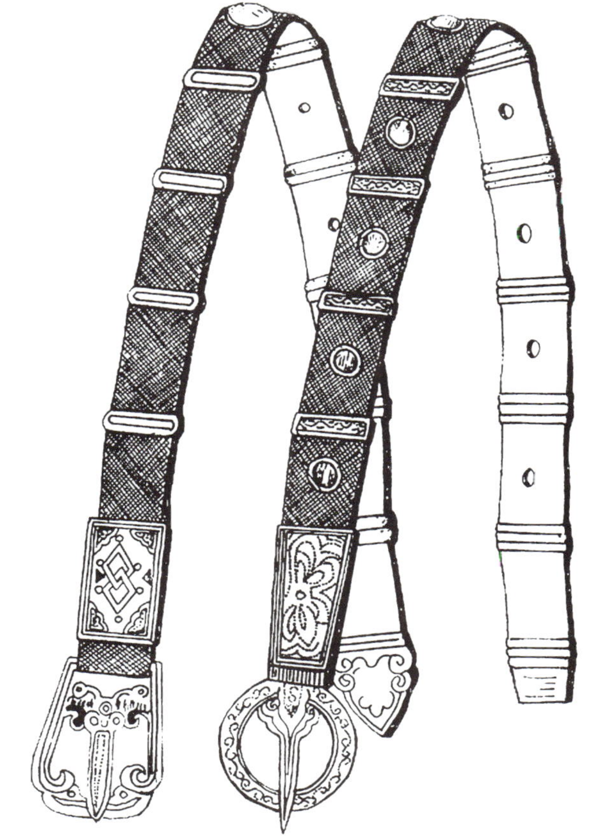

骑士腿带

冬天骑马时用皮袍的大襟裹住腿从外面用腿带绑紧，以免双腿受寒。

八　骑马

侧骑

站骑

前面带人

叠骑

1

2

3

前面带人

九　马的走姿

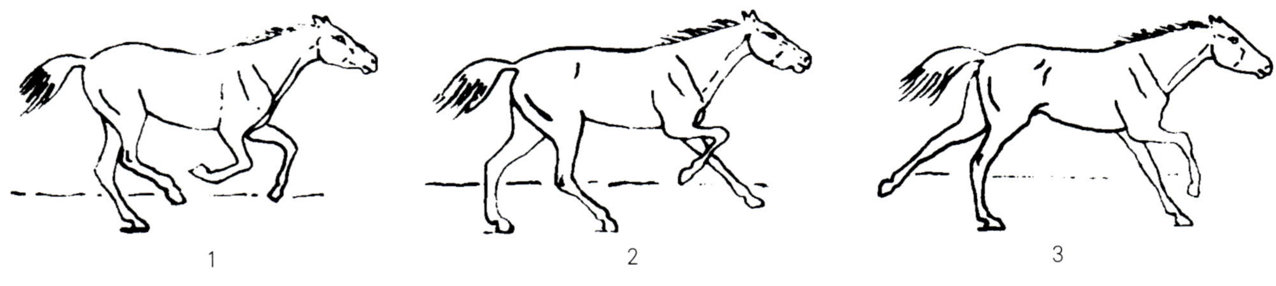

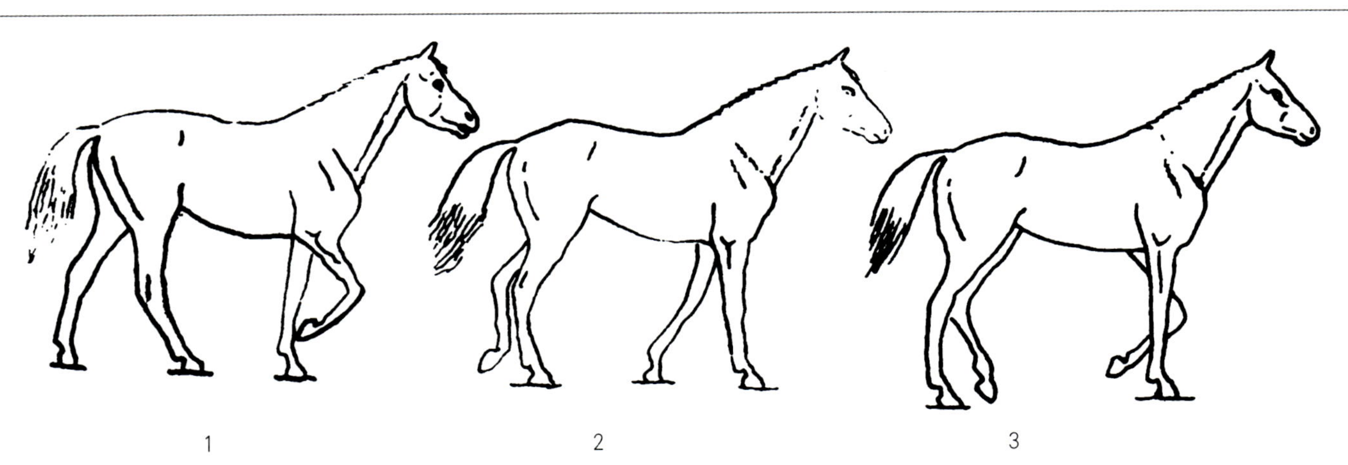

马的走姿

1

2

3

马的跑姿

1. 小颠步
2. 快步颠跑
3. 跃跑

4 5 6 7 8

马的奔跑步骤

4 5 6

十　吊马

吊马

吊马手将吊好的马交给骑马手准备参赛

伍 狩猎与战争

在很长的历史时期内，狩猎是蒙古族游牧经济的重要补充，同时又是一项军事训练。无论是狩猎还是战争，马都曾发挥过不可替代的重要作用。

一、狩猎

狩猎，是蒙古族古老的生产活动，又称围猎、打围、畋猎。大型围猎，动则数十人、上百人，甚至更多，有固定的日期和规程。一般来说，打什么围，就有什么章法。从猎取目标上分，有虎围、狼围、野猪围、黄羊围、狐狸围、野兔围、野鸡围等。从规模上分，有五段长围、四段长围、三段长围等。大型围猎，须事先下达通知，通报包括地点、预定时间，各个责任地段等内容。猎人们根据时间，准备干粮、马匹、猎犬以及弓箭、布鲁（猎具）等器械。夏秋围猎之前须“吊马”，给猎犬佩戴项圈，使之看上去威风凛凛。

围猎有合围、放围、轰围、整围、推围、紧围、撤围等程序和分工，要求每个人忠于职守。如果哪个人玩忽职守，走错路线，违犯规矩，会受到大家的谴责。若是只顾猎物或过于兴奋而错伤人、马、猎犬，由首领仲裁，惩罚肇事者。行猎中，因为猎物发生争论，则把猎物放在一定射程之内，让争执双方各射击三次，猎物归赢者。两个人都没射中，送给没有获得猎物的人。

猎人发现猎物，要不失时机地撒狗放鹰、踩镫磕马，狗、鹰、马一起冲过去。猎人稳坐马背，举枪、拉弓或掷布鲁捕捉猎物。倘若没有击中，便把帽子或手巾丢下作记号，继续追赶。捕获猎物后，返回来取布鲁和箭。围猎场上谁也不准拿别人的猎具。平时一人打猎用夹子、套子、扦子。多人打围时，禁止使用这些器械。猎人们特别注意调教坐骑和猎犬。猎兔围训练乘马，训练猎犬捉跳兔，但不许它吃掉或叼着乱跑。围猎不管多少人参加，猎物的“珠力德”（连着头颅的整副心肺）必须送给打死这只野兽的猎手。

围猎是有计划、有组织的集体行动。蒙古族自古以来在野生动物的捕猎和保护方面有很多忌禁和共同遵守的不成文的行为规范。狩猎不是随时随地都能进行的，每年的农历三月至十月间就不许进行大型的围猎。因为，在此期间动物绒毛尚未长全并且很瘦弱，这时捕杀野生动物是一种资源的浪费，“若夫射猎，虽爽人之常业哉，然亦颇知爱惜生长之道。故春不合围，夏不群搜。惟三五为朋，十数为党，小小袭取，以充饥虚而已。”等到入秋后野兽长膘、绒毛丰满时才可在规定的时间、地点和范围内有计划、有组织地集中围猎。打猎在当时既是经济补充的手段，也是军事训练的一种方法，通过这种活动，培养人们的智慧和胆量，增强集体应变能力，调教坐骑和鹰犬。捕杀那些破坏草场的鼠类和袭击畜群的有害动物则是保护草场和牲畜的需要。进行大型围猎，“如是数日，及禽兽已少，诸老人遂至汗前，为所余之猎物请命，乃从之，俾其繁殖，以供下次围猎之用。”捕猎群居野生动物时“不得将禽兽尽行歼灭，须释放若干，俾其繁殖”。在元代，狩猎方面有明确的法律规定："禁止大汗（大汗：指元世祖忽必烈——引者注）所属各国的所有臣民在每年三月至十月间捕杀野兔、獐、黄鹿、赤鹿之类的动物或任何其他大鸟。这种命令的用意在于保护鸟兽的繁殖增长。凡违禁者严惩不贷。所以，每种猎物能够大幅度地繁殖起来。"严禁捕杀怀胎期和哺乳期的动物以及幼小动物。对一些珍贵动物、稀少动物以及新来落户栖息的动物更加保护，不但不伤害，甚至不许惊动这些动物。"蒙古人打猎，也捕大鸨、野鸡、沙半鸡等。但从不伤害天鹅、鸿雁、黄鸭、鹤。他们认为鸿雁、鹤是祥瑞而长寿的飞禽。"对蒙古族来说，野生动物与他们所经营的牲畜一样，都是"天地自然之物"，是上天和大地恩赐给人类的物质财富，必须对其保护，使其繁衍增多，合理利用，否则会受到天的惩罚。实际用意在于要求人们保护大自然的生态环境，不然就要受到大自然的无情报复。

二、战争

蒙古马是世界上忍耐力最强的马，对环境和食物的要求也是最低的。无论是在亚洲的高寒荒漠，还是在欧洲平原，蒙古马都可以随时找到食物，可以说，蒙古马具有最强的适应能力。蒙古马可以长距离不停地奔跑，而且无论严寒酷暑都可以在野外生存。同时，蒙古马可以随时胜任骑乘和拉车载重的工作，也是食物来源的一种。蒙古骑兵使用大量的母马，可以提供马奶，这也减少了蒙古军队对后勤的要求。并且，蒙古骑兵通常备有不止一匹战马。

说到军队，就必须谈到装备兵器，在冷兵器时代的蒙古军队中，铁器得到了广泛的应用。蒙古骑兵随身携带的武器通常有弓箭、马刀、长矛、狼牙棒、短斧。蒙古骑兵之所以无敌天下，最主要应归功于他们的弓箭。蒙古人拥有当时射程最远、杀伤力最大的组合式弓。这种武器通常由动物后背上的一条筋、弓肚上的一层角质物和中间的一个木架组成，拉力在50公斤至75公斤之间，并且短小，便于骑兵运用自如。这种弓射出的箭杀伤范围可达300米，如果在箭上装备上锋利的金属箭头，便能穿透最厚的盔甲。配合蒙古骑兵的机动力，才使得蒙古人得以纵横欧亚，无人能阻。另外，蒙古骑兵的装甲多为皮革制成，轻便坚韧，虽然远不及欧洲重装甲骑兵身上锁子甲的保护效果，但轻便，可以使军队保持长时间的战斗力。

蒙古人以弓马娴熟闻名天下。蒙古马虽然体型矮小，但耐力惊人。蒙古骑兵通常每人配备三四匹马，可以一天行军一百公里，因而蒙古军队经常能够长途奔袭。蒙古骑兵配备的两张弓，一张是轻型弓，用于策马飞驰时快速发射，箭身短，射程近；另外一张是强弓，弓重箭长，用于射击远程目标，蒙古骑兵通常下马以站立或蹲踞姿势发射。蒙古强弓远远优于欧洲弓箭。这里不妨用代表欧洲弓箭最高水平的英国长弓作个比较，英国长弓的拉力通常在80磅左右，射程约250码；而蒙古重弓的拉力可达166磅，射程达350码。蒙古优秀射手甚至可以达到更远的射程。根据蒙古文献记载，成吉思汗攻灭花剌子模以后大摆庆功宴，宴席上一个叫额桑杰(Essungge)的蒙古贵族，射中了600码以外的目标。

值得一提的还有，蒙古军队当时已经拥有某些远程的攻城火器。通过与中原的征战，蒙古军队不但掌握了这些火器（火药和火铳）的防御功用，而且还把此类装备用于对高大城防的攻击。火药和火铳类武器出现在冷兵器时代，其威力自然是惊人的。作战时，对从未见过火器的敌人来说，也有巨大的心理震慑作用。在欧洲战场，很多时候火药类武器会造成城墙尚未被完全破坏，守军就已失去战斗的意志开始弃城逃亡的局面。

岩画刻有骑马放牧的骑手，有山羊、盘角羊、鹿等动物。

一　狩猎

狩猎图

内蒙古阿拉善右旗曼德拉山岩画

岩画刻有骑马放牧的骑手，有山羊、盘角羊、鹿等动物。

围猎

内蒙古阿拉善右旗曼德拉山岩画

围猎

内蒙古阿拉善右旗曼德拉山岩画

忽必烈狩猎图

首都博物馆藏

元人狩猎图

犬猎

鹰猎

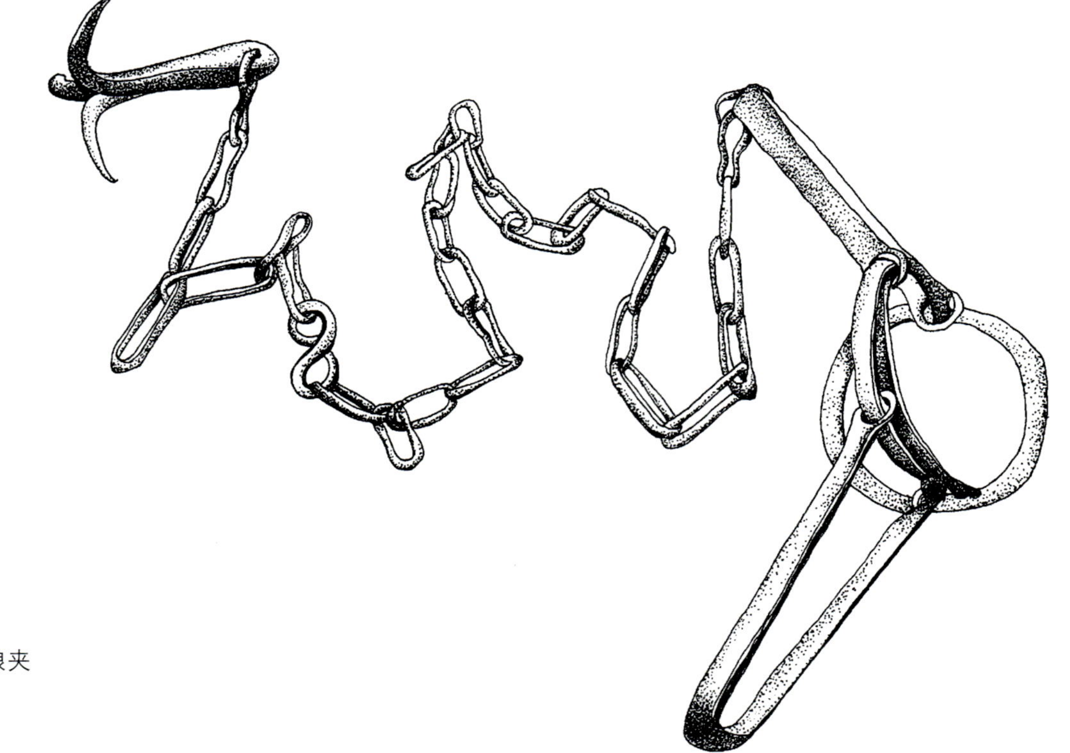

猎狼夹

猎狼夹

近代
铁
高17厘米　直径26厘米
内蒙古大学民族博物馆藏

捕鸟夹（翻车子）

近代
木
内蒙古大学民族博物馆藏

捕兔夹

近代
铁、木
内蒙古大学民族博物馆藏

镔铁布鲁

近代
木、铁
长46.5厘米
内蒙古大学民族博物馆藏

链锤布鲁

近代
木、铜
长65.7厘米
内蒙古大学民族博物馆藏

带箍布鲁

近代
木、铜
长59厘米
内蒙古大学民族博物馆藏

长筒火枪

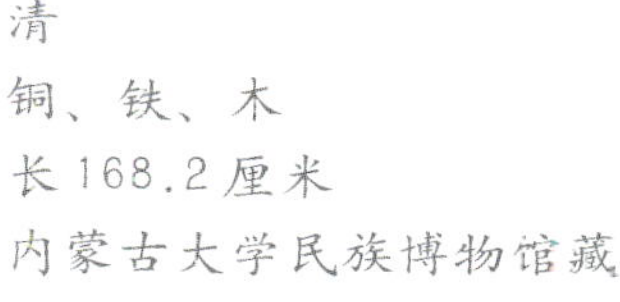

清
铜、铁、木
长168.2厘米
内蒙古大学民族博物馆藏

银饰火枪

清
木、铁、银
长148.5厘米
内蒙古自治区赤峰市巴林左旗征集
内蒙古博物馆藏

铁枪筒嵌于木枪床中，枪筒上有引信，下有扳机，枪床前端下部有支架。此为清代蒙古火枪营之武器。

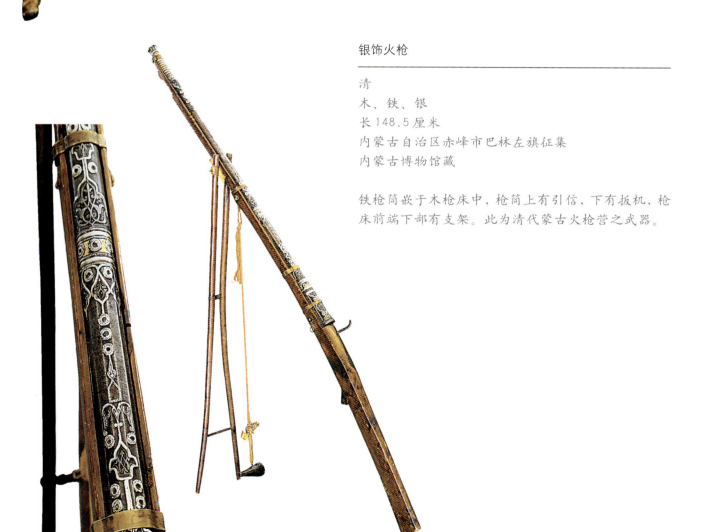

冬青木火药囊

清

木

通高16厘米　宽12厘米

内蒙古自治区赤峰市喀喇沁右翼旗

亲王府遗物

内蒙古博物馆藏

牛角火药囊

清
牛角
通长21厘米
内蒙古大学民族博物馆藏

皮制火药囊

近代
皮
通高13厘米
内蒙古大学民族博物馆藏

二　战争

骑马勇士

蒙古军队出征图

錾花铜重甲

蒙古汗国

铜

通长135厘米

内蒙古自治区赤峰市翁牛特旗出土

内蒙古博物馆藏

铜质甲胄，计有护胸、背甲衣各1件，护肩2件，护臂2件，护腕2件，护腿4件，护裆2件，共13件。其上錾刻虎及荷花等纹饰，为罕见的蒙古汗国时期的重甲。

圆顶式铁盔

蒙古汗国
铁
高15厘米　帽径22厘米
内蒙古博物馆藏

窄檐式铁盔

元
铁
高45厘米　底径26.5厘米
内蒙古自治区锡林郭勒盟正蓝旗出土
内蒙古博物馆藏

铁质盔，帽檐窄。此系元代蒙古士兵所戴盔帽。

铁矛、刀

蒙古汗国
铁
内蒙古博物馆藏

左：矛刃锋利，中部起脊，管銎部较长。
中：直刀，刀尖上翘，刀脊部有二道血槽，为元代蒙古士兵常用兵器。
右：管銎部较长，为蒙古汗国士兵常备兵器。

菱形铁镞

蒙古汗国
铁
长8厘米
内蒙古博物馆藏

铁镞均呈菱形，细条形铤，末端有朽木痕迹。

"至正辛卯"款铜火铳

元

铜

长43厘米　口径5.3厘米

内蒙古博物馆藏

铳身镌刻“射穿白扎，声震九天”、“神飞”、“至正辛卯”等铭文。此火铳造于元至正十一年（1351年），为中国目前现存铸造时间最早的铜火铳。蒙古军西征时，便是以火铳攻克中亚、欧洲的城堡，并使火铳西传，深刻影响了欧洲封建社会的进程。

铁蒺藜

蒙古汗国

铁

宽分别为33厘米　35厘米

内蒙古博物馆藏

铁铸，形似蒺藜，有六根外伸的尖锐铁锋。蒙古汗国军队用抛石机将其发射或埋于道路上，以阻滞敌方前进。

武官盔甲

清
锦缎、铁
头盔高24厘米　帽径22.5厘米
甲衣长75厘米　腰宽98厘米
内蒙古自治区乌兰察布市四子王旗郡王府遗物
内蒙古博物馆藏

头盔1顶、铁质，额前突出一道眉檐，顶立插缨座，围深蓝缎护帘。甲衣为前襟2片，护心1片，护背1片，护颈1片，护臂2片，护腋2片，护裆1片，护腿2片，共计12片，以带子和纽扣连接组合而成。均为深蓝缎面，内衬排列规则有序的铁甲片，以圆钉固定。背、胸及两肩绣五彩团龙纹各一。在两幅围裳上规则排列铁甲片五行。此为蒙旗王公所着战甲。

骑士锁子甲

清
铁
甲衣长70厘米　宽113厘米
内蒙古自治区乌兰察布市四子王旗郡王府遗物
内蒙古博物馆藏

甲衣及护帽用小铁圈环环套连而成，腰部系由铁甲片排列连接而成的可折式护腰，肘部戴有护臂。为蒙古士兵所着战甲。

清代蒙古军队头盔

错金龙纹佩刀

清
金、铁、皮
长90厘米　宽6.5厘米
内蒙古自治区呼和浩特市征集
内蒙古博物馆藏

此刀造型独特，工艺精湛。刀身上弯，微呈弧形，刀柄较长，便于双手抓握。刀脊部饰错金卷草纹，近护手部刀面两侧饰错金龙首吐火焰纹。木制刀鞘，上包蜥蜴皮，两端镶錾龙纹包金饰。系康熙帝亲征准噶尔部，途经蒙地，赐予内蒙古召庙之御用物品。

腰刀

清
铁
长62.5厘米
内蒙古大学民族博物馆藏

长刃腰刀

清
铁
长99厘米
内蒙古大学民族博物馆藏

缠皮柄铁矛

清
木、铁、皮
长200厘米
内蒙古自治区赤峰市喀喇沁右翼旗亲王府遗物
内蒙古博物馆藏

青铜簇、鸣镝

清
青铜
长2.6～5.5厘米
内蒙古大学民族博物馆藏

皮弓囊、箭囊、角弓、羽箭

清
皮、银、铁等
弓囊：长56厘米 最宽处32厘米
箭囊：长48.7厘米 宽27.5厘米
角弓：长148厘米
鱼叉箭：长103.5厘米
水箭：长100.5厘米
兔叉箭：长106.5厘米
哨箭：长105.5厘米
枪头箭：长105.5厘米
索伦箭：长98.5厘米
内蒙古自治区锡林郭勒盟乌珠穆沁征集
内蒙古博物馆藏

羽箭

清
铁、木
长分别为98厘米 102厘米 115厘米 108厘米
内蒙古博物馆藏

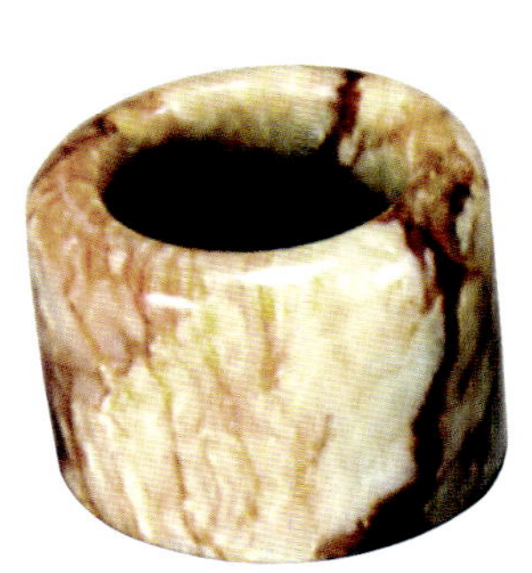
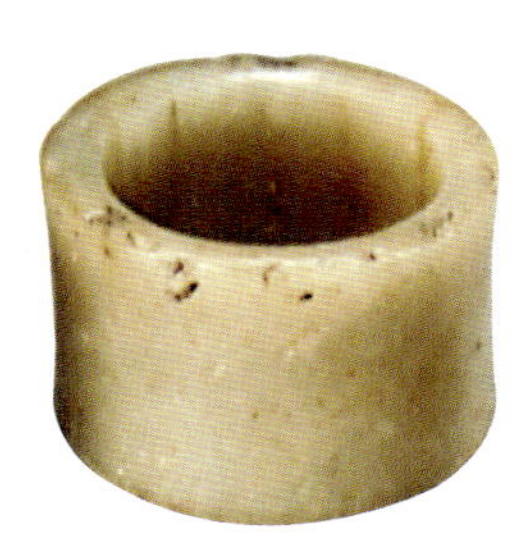

扳指

清
玉
直径分别为3.5厘米　2.5厘米　3厘米
内蒙古大学民族博物馆藏

陆 神马传奇

一、系彩绸带

系彩绸带，蒙古语《ᠰᠡᠲᠡᠷᠯᠡᠬᠦ》[seterlexü]，其词根《ᠰᠡᠲᠡᠷ》[seter] 指的是彩绸带。

蒙古人自古以来就有把自己心爱的马献给神祇的习俗。人们从马群里挑选出一匹马，举行祝福涂抹仪式，在它的鬃毛或脖颈上系上彩绸带，宣布为献给神的马，这种马终生不受羁勒，不服劳役，撒群闲游。过去人们认为这是迷信做法，但换一个角度看的话，实际上它是牧民借献神之名，祝愿自己马群兴旺的爱马思想的集中表现。并由此可以看出，马在蒙古族的生活里不仅仅供乘骑用，而且是蒙古族鞍马文化——具有丰富的文化内涵和鲜明的人文特征的重要载体。除把系彩绸带的马献给天神外，还要献给祭祀的敖包。这一习俗在蒙古族民间普遍流行。在蒙古地区，大约农历五至七月间祭祀敖包。祭祀敖包时用熏香净化马身，讲明该马的毛色、品种、牙口，在它的鬃毛或脖颈上系上彩绸带，绕敖包三圈后返回马群中。每年祭祀敖包时，带系彩绸的马去转敖包并更新其彩绸带。当系彩绸带的马老死时，先选定系新彩绸带的马，然后把原来系彩绸带马的彩绸带加以更新，在祭祀敖包时给新选的马系上。

蒙古人把马与生命连在一起，像爱护眼珠一样爱惜自己的马。马也非常通人性。蒙古人把自己最喜爱的马或对主人作出贡献的良马、好的杆子马、优良品种的骒马、种马封为“达尔罕马”，终生不卖、不骑用、不剪其鬃毛和尾巴，直到老死。

二、温都根查干

温都根查干（蒙古语《ᠥᠨᠳᠡᠭᠡᠨ ᠴᠠᠭᠠᠨ》[öndegen čaγan]），意为像鸡蛋一样圆溜洁白的马，是成吉思汗陵神马。举世瞩目的成吉思汗陵，位于内蒙古伊克盟伊金霍洛旗巴音西勒高原。自一代天骄成吉思汗逝世七百多年来，这里达尔扈特人（蒙古语《ᠳᠠᠷᠬᠠᠳ》[darxad] 成吉思汗陵寝的守卫者）及广大牧民一直将祖先的遗物珍藏至今，年复一年地守护着陵寝，并届时进行祭祀与膜拜。成吉思汗陵“八白室”中有一匹白色的骏马，自由奔跑在成吉思汗陵后院的草场上，蒙古人叫它温都根查干。温都根查干神马，是成吉思汗生前供奉的神马。

关于温都根查干，蒙古民间曾有这样一则传说：圣主成吉思汗在五十岁那年，突然贵体欠安达两个多月之久才得康复。为了庆祝这长达八十一天才消除的灾难，成吉思汗令其下属，用九十九匹白骒马的鲜奶对九十九个天进行了祭祀，同时也对苍天神驹温都根查干进行了专门的祭祀。另有一则传说说道：成吉思汗五十岁那年春天正逢灾年。大汗认为春天三月为黑月，不吉之月，应以白色为洗礼，故用白骒马的鲜奶对九十九个天进行了祭祀，同时将一匹纯白马指定为天马，并用白绸缎进行了特殊祭祀。两则传说均说明，祭祀神马的习俗最晚在成吉思汗时期就已盛行。根据这些传说和史书记载，很多学者认为，神马祭祀起源于成吉思汗时期。成吉思汗逝世以后，神马祭祀以一种文化惯例或特殊的文化定势一直流传至今。首先，神马温都根查干的祭祀从成吉思汗时期就成为一种盛大的国事活动，窝阔台汗时被列为成吉思汗陵寝八白室之一，成为成陵文化的一个组成部分被固定下来。其次，神马的转世不是随便可以确定的，而且有较缜密的条规与戒律。譬如，神马的毛色首先要顺溜且像鸡蛋一样洁白无暇，鬃毛必须是生来未曾剪过，两眼乌黑，四蹄乌黑，双耳对称，具有浑身不含任何杂毛的天马形象方可被认定为神马。

为了现在的这匹神马，二十年前，守护成吉思汗陵的达尔扈特人找遍了鄂尔多斯全盟七旗，在盛产名马的乌审旗，看到一匹一身雪白、四蹄纯黑、眼睛又黑又亮的儿马。儿马看到来访的达尔扈特人，又刨前蹄又嘶鸣。达尔扈特人上前拜见马的主人朝伦巴特尔，问询马的情况。主人说，这匹马是一九八六年阴历三月二十一日出生，恰好这一天是祭祀成吉思汗的日子，马诞生时门前的湖面上升起一道彩虹。所以，马的主人觉得这是苍天赐给他的礼物。达尔扈特人认定那匹白色的小马驹就是转世白神马的化身。两年之后，达尔扈特人把转世白神马带回成吉思汗陵。对马的主人和附近的牧民们来说，转世白神马能降生在这里是他们的荣耀和骄傲。每年的成吉思汗大祭祀，朝伦巴特尔和他的老伴都要到成吉思汗陵看望他们的转世白神马。不能亲自去参加祭祀的乡亲们委托他们带上自己敬献给圣主成吉思汗的供品和对转世白神马深深的敬意。

神马具有生性未经驯服，且任何人都不能随意役使或鞭打的特权。在鄂尔多斯，人们不论在哪儿碰到神马都会虔诚地加以膜拜，神马不论走近谁家，人们总是喜出望外地用鲜奶来进行祭洒，以此来表示感激神马带来的好运。蒙古族民间也常有对马进行专门祭祀的习俗。如上所述，祭奠敖包时给马系彩带等。而且系彩带的马同神马一样任何人不能随意役使或鞭打，任其逐水草而自由地生息在广袤的草原。但这些被放生的马是牧人心目中的马神，是民间马崇拜的一种特殊礼仪，同成吉思汗八白室所祭祀的马是有区别的。这种习俗的产生应该说是早于神马温都根查干崇拜。成吉思汗祭祀神马的起因虽源于这种习俗，但这种民间的马崇拜习俗只有经成吉思汗亲自祭祀后才成为一种盛大的国事活动，产生了神马——温都根查干。转世白神马温都根查干作为八白室中唯一活着的"遗物"，代代相传，已有七百多年。

蒙古族被称做"马背上的民族"，马和蒙古族的生活可以说是息息相关，而成吉思汗更是在马背上完成了他的统一大业，所以转世神马受到蒙古人的崇拜也在情理之中。作为成吉思汗的八白室之一，每年的农历三月二十一日，转世白神马都要到甘德尔敖包上参加成吉思汗陵一年中最大的"查干苏鲁克祭"(蒙古语《ᠴᠠᠭᠠᠨ ᠰᠦᠷᠦᠭ ᠦᠨ ᠲᠠᠢᠢᠯᠭ᠎ᠠ》[čaγan sürüg un tailγ_a] 意为"白色马群的祭祀")。

据有关专家研究，蒙古族信仰萨满教，认为天地、山川皆有神灵，而甘德尔敖包上的一切，在祭祀活动中都被赋予了一些特别的象征意义。

在成吉思汗陵，除了转世白神马，还有成吉思汗的两匹骏马，据说，这两匹骏马是成吉思汗坐骑银河八骏的后代。成吉思汗在马背上夺天下，蒙古马为他创建蒙古帝国立下了汗马功劳。作为一种追忆和象征，人们让两匹骏马陪伴在成吉思汗身边参加祭祀活动。

成吉思汗八白室中参加查干苏鲁克祭祀的，除了温都根查干和成吉思汗的两匹骏马，还有宝日温都尔檀香木奶桶。这一天，宝日温都尔檀香木奶桶将盛满洁白的马奶，而转世白神马也要在这里接受人们的叩拜和祝诵。据说当年成吉思汗在克鲁伦河畔，用九十九匹母马之乳向九十九个天祭洒，查干苏鲁克祭由此而来。

牧民们把珍贵的马奶倒入宝日温都尔檀香木奶桶祭天，而那些得到转世白神马冠顶的人们，则像是得到了圣主和长生天的祝福。

祭过长生天的马奶变得无比珍贵，转世白神马也显得比往日更加高贵。参加祭祀的人们以得到转世白神马的冠顶和宝日温都尔檀香木奶桶中的马奶为荣耀，他们更想把祭天的马奶带回家中，和家人、朋友一起分享来自上苍的祝福。达尔扈特人用从宝日温都尔檀香木奶桶中取出的最上乘的马奶，作为祭祀甘德尔敖包的供品，按顺时针方向沿着敖包绕行三圈，以乞求草原风调雨顺，平安吉祥。

祭洒完马奶之后，达尔扈特人将祭天的马奶倒入一个金杯，由成吉思汗黄金家族的成员把它放到转世白神马的身上。然后牵马的达尔扈特人让转世白神马左右跑动，根据金杯落地时的方向用来预卜吉凶。此时，查干苏鲁克大祭也接近了尾声。如此反复三次之后，转世白神马就完成了这一年当中唯一的使命，又可以自由地奔跑了。

一匹马就这样在草原上生活了七百多年，也许是对祖先的敬仰，对传统的继承，对信仰的坚持，转世神马并没有随着时间的流逝而消失，所以到今天，我们还可以通过转世神马看到蒙古民族鲜活的历史，听到大草原上流传下来的与神马相关的传奇故事。

系彩绸带的马

1999年农历五月十三日，内蒙古自治区锡林郭勒盟苏尼特右旗巴炎都呼木苏木查干和硕嘎查牧民策日玛老人举办家庭那达慕时，带系彩绸带的白马绕敖包。

成吉思汗陵神马

成吉思汗陵神马

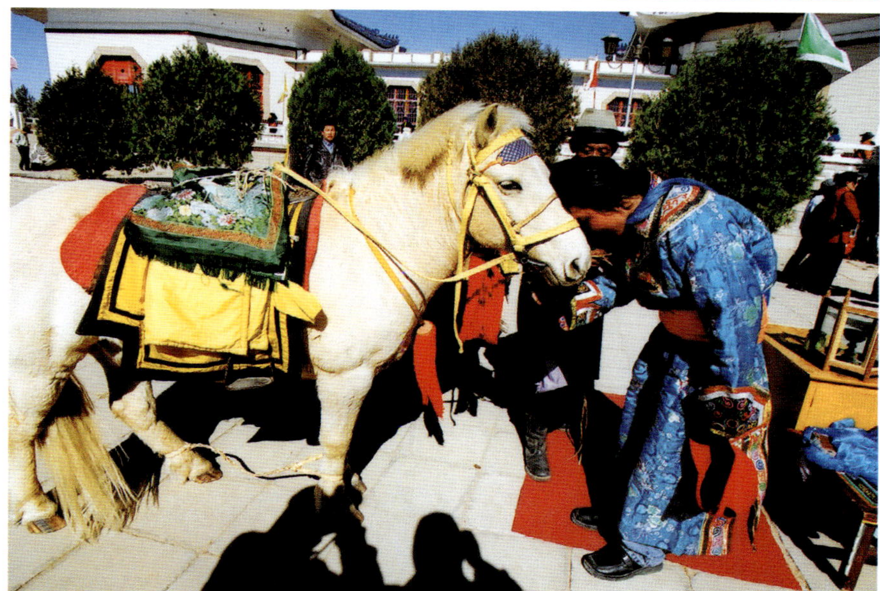

给温都根查干顶礼

结语

在游牧生活条件下，作为一个蒙古族牧人，若能骑上一匹身材、颜色俱佳，并且温顺、善跑的好马，那将是一件最荣幸的事。再给马配上一副漂亮、精美的鞍子，走南闯北，感到无比的体面和自豪。所以，牧人经常聚在一起时比谁的马跑得快，谁的马鞍更漂亮。

蒙古人爱马、饰马、赞马，在蒙古族民间流传着很多关于马的颂歌、赞词。在《骏马赞》的民歌中唱道：

在那金色的世界上，
你荡起的一溜烟尘，
就像浩渺的天空下，
升起了长长的彩虹。
你跑到哪里，
哪里就留下芳名。
你让谁人骑乘，
他就能百战百胜。

你像是主人家里万世不朽的金果，
你像是英雄身边永远牢固的银橙。
你的骑士长生不老，
你的畜群繁衍无尽。
跨在你背上的主人哟，
永远幸福安康。

马更是蒙古人的朋友和恩人，在刀光剑影的沙场上，马不仅供主人驱使疾驰，而且当主人有难时，马还会保护主人，正如俗语所言："马通人性"。在草原上普遍传唱的《蒙古马之歌》写道：

护着负伤的主人，
绝不让敌人靠近；
望着牺牲的主人，
两眼泪雨倾盆。
仁慈的蒙古马哟！
英雄的蒙古马哟！

蒙古民族鞍马文化历史久远，鞍马工艺渗透着先民们的智慧和汗水。如今随着社会的进步、经济的发展和现代交通工具的普及，延续千百年的马背生活逐渐离我们远去。但是草原儿女们时刻眷恋着养育自己民族的大草原，永远不会忘记祖祖辈辈生长的摇篮——马背。

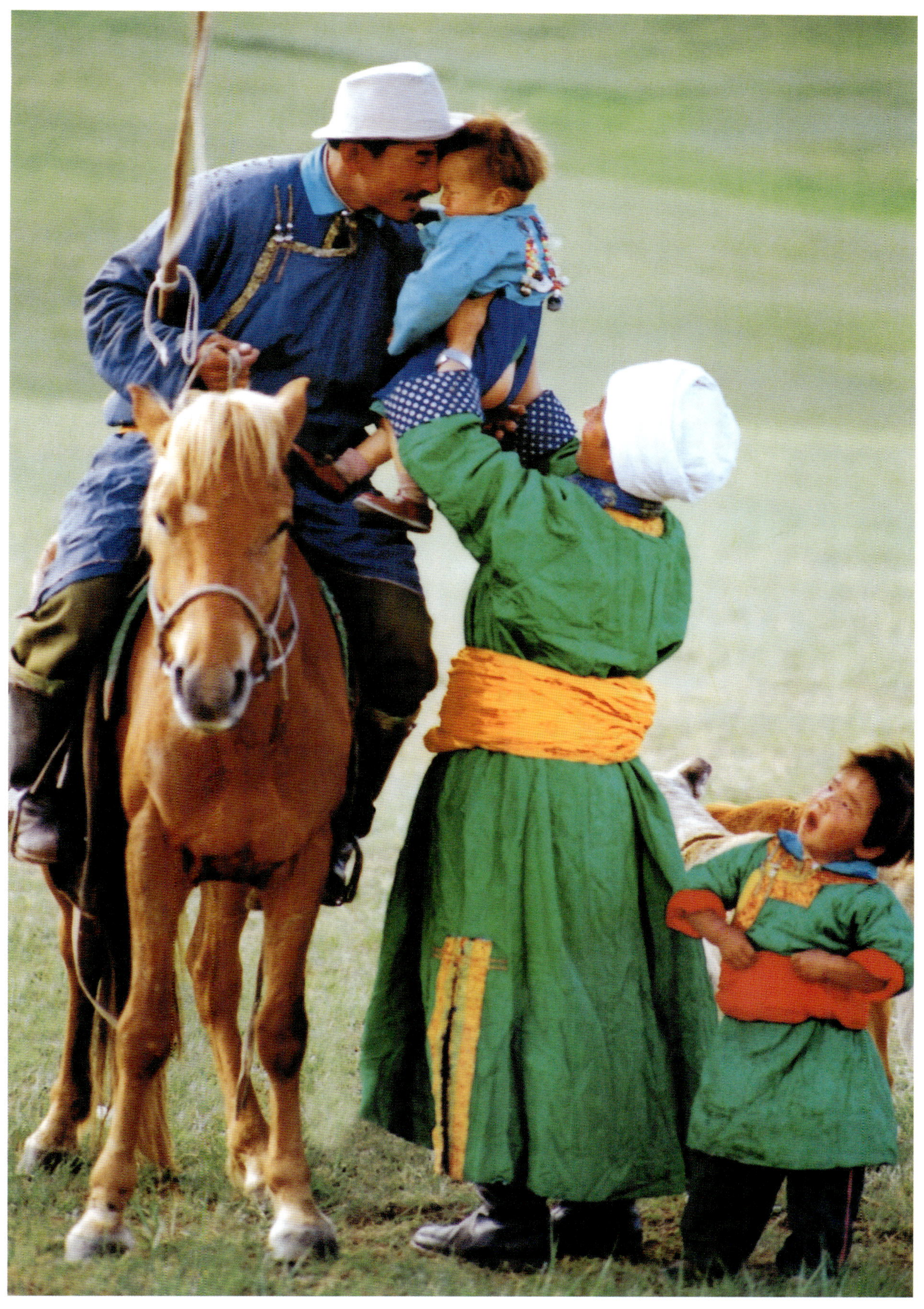

参考书目

1. 芒来、旺其格编著:《蒙古人与马:蒙古族马文化大全》(蒙古文),内蒙古科学技术出版社,2002年12月。
2. 哈斯巴特尔编绘:《蒙古族传统文化图鉴》(蒙古文),内蒙古人民出版社,2002年11月。
3. 布林特古斯主编:《蒙古族民俗百科全书·经济卷》(蒙古文),内蒙古科学技术出版社,1997年6月。
4. 中华世纪坛艺术馆、内蒙古自治区博物馆编:《成吉思汗——中国古代北方草原游牧文化》,北京出版社,2004年6月。
5. [蒙古] 阿·巴桑夫:《蒙古阿尔泰地区人民的物质文化》,2006年。
6. 内蒙古博物馆编:《内蒙古民族文物》,人民美术出版社,1987年3月。
7. 内蒙古大学蒙古学研究院蒙古语文研究所编:《蒙汉词典》(增订本),内蒙古大学出版社,1999年12月。
8. 纳·达楞古日布著:《内蒙古岩画艺术》,内蒙古文化出版社,2000年5月。
9. 赵芳志主编:《草原文化——游牧民族的广阔舞台》,上海远东出版社、商务印书馆(香港),1998年12月。
10. 香港历史博物馆编制:《长城历史与文化》,政府印务局印制,2002年。
11. 高学峰主编:《蓝色的故乡——乌珠穆沁草原》,内蒙古人民出版社,2006年4月。
12. 内蒙古画报社编辑:《内蒙古》,内蒙古人民出版社,1997年6月。
13. 中共锡林郭勒盟委员会宣传部编,韩永久主编:《锡林郭勒》,1987年7月。

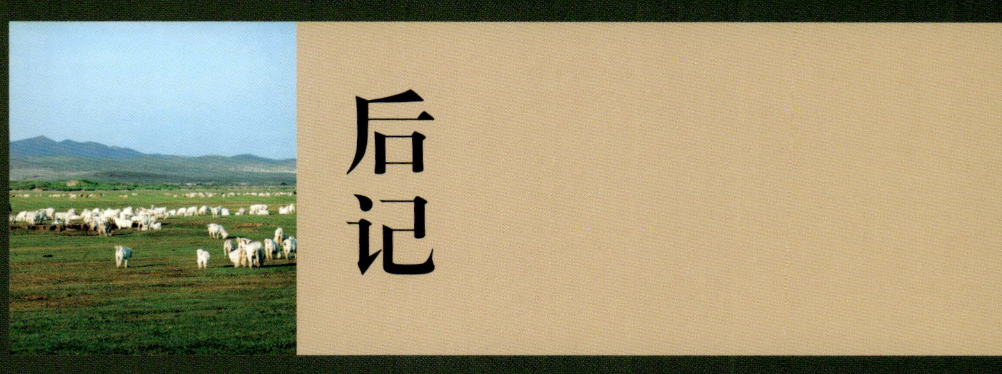

后记

《蒙古民族文物图典》，历经三年，即将付梓，感慨良多。这套书，是在经过近两年的研究思考，于2004年末决定组织撰写编辑的。组织此书，缘于以下考虑：中国北方草原地带的游牧民族，自古以来包括匈奴、东胡、鲜卑、突厥、契丹、党项、女真、蒙古等民族，对中国历史的发展以至中华民族的形成和发展的贡献是极其巨大的。不仅如此，对世界历史的发展，也产生过重要影响，特别是匈奴和蒙古族。可以说，世界上没有哪一个地方的游牧民族，如中国北方草原上的游牧民族那样，对世界历史的影响如此之大。这些古代民族在草原的自然环境条件下，创造了世界上独特的游牧文化。而蒙古民族是这些古代草原民族创造的游牧文化的集大成者。随着现代工业的发展，科学技术的进步，世界经济一体化的进程加快，草原游牧经济也在发生剧烈变革，传统的游牧文化在现实生活中也迅速演变以至于消失。保护这一具有世界影响的草原游牧文化，使这一人类宝贵的文化遗产得到传承，成为保持世界文化多样性的一朵奇葩，继续发挥其民族精神纽带的功能，是文物工作者，也是社会各界的责任。我从进入内蒙古文物事业行政管理行道不久，就意识到这是个需要认真考虑和对待的问题。

根据当前社会进步趋势，再想大面积保留完整传统游牧生产生活方式是不可能的，也是不明智的。而保护传统游牧文化的方式，一是搞草原文化保护区，划一块地方，组织一些牧民，按照传统方式进行生产和生活。二是收藏其文化和物质载体，即文物，并长久保存和展示。三是用图书音像等媒介予以记录。根据文物保护工作的特点，借鉴考古工作记录文化信息的方式，还是决定选择图书为媒介，作为记录也是保护和传承蒙古文化的一种方式。其具体确定为图典式的形式。“图典”即有图。这个“图”有彩色图片，也有墨线绘图。尤其是墨线绘图，把文物用简约的线条提炼出来，使其整体和关键部位一目了然。“典”则是有典型、典范、标准器的意思，即选择的典型的代表性的文物。总的指导思想是，这一图典，有类似蒙古族文物“字典”、“辞典”的功能。即使将来没有了实物，人们也可以通过此书的图，重新制作恢复消失的文物。这也算此套图典的一个值得称道的亮点吧。

根据蒙古民族传统文化的特点，将这套图典按六个方面，即鞍马、服饰、毡庐、饮食、游乐、宗教进行分类。有些类别间内容有些交叉，如鞍马文化中赛马的内容，在游乐文化中赛马也是不可缺少的，在编辑过程中根据侧重点不同，适当作了些调整。但要实现内容的科学归类，确也不是件容易事。所以，有些内容分布可能还有不尽合理之处。

此书看似“照物绘图”，实则是一次创造性的劳动。因为在此之前，虽然在国内外有一两种用线或照片反映蒙古民族传统文化的图书，但仍属零打碎敲，尚未见到比较系统的出版物。而这次是系统的收集整理和绘制蒙古族文物，并且每一个类别要有一篇完整的论述文章，以“图典”形式出版，这在世界上可能还是第一次。因此，遇到很多困难，最主要的是选择进入图典的文物，是否为“典”，各式各样的“典”。同一功能的器物，在不同的部落，其造型、材料可能有很大不同，均要选入。而有的器物，是某一地区代表性器物，特点突出，应当入选，但却找不到实物，或找起来相当费周折，给此书的编写工作带来相当大的困难。有的则只能成为缺憾。如果说此书有何不足，我认为主要是有些器物如我国新疆地区的、蒙古国和俄罗斯的一些有地方特点的应纳入蒙古民族文物范畴的工具因种种原因未能收入。虽然从蒙古民族整体上说，进入图典的文物比较系统和完整，但空间分布上看应是一个遗憾。只能待今后进行修订时再补充完善。

此书在编创过程中，得到诸多领导和朋友们的支持。内蒙古自治区党委常委、宣传部部长乌兰，在任内蒙古自治区副主席时，对此研究出版项目予以充分肯定和支持，并为此书作序。内蒙古自治区副主席罗啸天也积极支持了这套书的出版。内蒙古自治区文化厅厅长高延青也对项目的确立给予帮助。内蒙古博物馆的孔群、张彤、贾一凡三位同志在组织稿件和图片方面作了许多具体细致的工作。内蒙古画报社的额博先生也热情地为本书提供了照片。特别是内蒙古农业大学的硕士研究生陈丽琴，组织她的同学为本书绘制墨线图。全套书一千余幅墨线图，基本都是她亲手安排完成的。当2007年夏天她已毕业回到鄂尔多斯工作后，得知《蒙古民族鞍马文化》还有部分线图工作需要她，她又毅然请假，按照需要完成了工作。国家文物局单霁翔局长、张柏副局长、叶春同志都很关心这套书的编辑出版工作。这种为保护民族文化遗产的贡献精神很让我感动。文物出版社张全国书记、苏士澍社长、张自成副社长和第四图书编辑部全体编辑为此书出版作了诸多努力，还有许多朋友帮助和支持了此书的出版，在这里一并表示由衷的谢意。

刘兆和

2007年10月8日